ESG는 무엇이 아니라 어떻게의 문제다

ISO 경영시스템으로 구현하는 ESG

ESG = What?
ISO 경영시스템 = How!

K-ESG 가이드라인 진단항목을
경영시스템으로 연결하는 구조적 해석

ESG를 '해야 할 일'이 아니라 '관리해야 할 구조'로 읽다

ESG는 더 이상 낯선 개념이 아니다.

환경(Environmental), 사회(Social), 지배구조(Governance)라는 세 글자는 기업 경영의 거의 모든 영역에서 호출되고 있으며, 공시 제도, 평가 지표, 투자 기준, 규제 언어로 빠르게 제도화되었다. 그러나 ESG가 경영의 중심 언어로 자리 잡았음에도 불구하고, 많은 조직은 여전히 같은 질문 앞에서 멈춰 선다.

"ESG를 어디까지 책임져야 하는가?"

"누가 판단하고, 무엇을 기준으로 관리해야 하는가?"

"이 모든 활동은 어떻게 하나의 경영 체계로 연결되는가?"

이 질문에 대한 명확한 답이 부재한 상태에서 ESG는 종종 선언이 되거나, 평가 대응이 되거나, 개별 부서의 과제로 분산된다. 그 결과 ESG는 '중요하지만 관리되지 않는 영역', 혹은 '관리하지만 경영과 분리된 영역'으로 남는다. 이 책은 바로 이 지점에서 출발한다.

이 책의 문제의식은 단순하다.

ESG의 어려움은 개념의 복잡성에 있지 않다. 실행 의지의 부족에도 있지 않다. 문제는 ESG를 다룰 수 있는 경영시스템의 구조가 명확히 제시되지 않았다는 데 있다. ESG는 가치나 철학의 문제에 머무르지 않는다, 무엇을 관리 대상으로 삼고, 어떤 책임 구조 아래에서, 어떤 기준과 절차로 운영·점검·개선할 것인가의 문제다. 다시 말해 ESG는 '잘할 것인가'의 문제가 아니라, '어떻게 관리할 것인가'의 문제다.

이 책은 ESG를 새로운 경영 개념으로 설명하지 않는다. 대신 많은 산업과 조직에서 이미 활용되어 온 ISO 경영시스템, 특히 Annex SL 구조(ISO 4~10항)를 통해 ESG를 관리 가능한 시스템 언어로 재해석한다. ISO 경영시스템은 품질, 환경, 안전 보건, 정보 보호, 준법 경영 등 서로 다른 영역에서 조직의 규모와 산업을 초월해 반복적으로 적용되며, 책임 구조 설정, 리스크 식별, 목표 수립, 운영 통제, 성과평가, 개선이라는 일관된 관리 논리를 축적해 왔다. 즉, 특정 이슈를 잘 관리하는 방법이 아니라, '어떤 이슈든 경영의 대상으로 전환하는 방식' 자체를 제공해 온 구조다.

바로 이 점에서 ESG는 ISO 경영시스템과 가장 높은 구조적 적합성을 갖는다. ESG는 개별 정책이나 캠페인으로 관리할 수 있는 주제가 아니라, 조직의 판단 구조·책임 체계·운영 기준 전반을 관통하는 복합 이슈이기 때문이다. 그럼에도 많은 조직은 ESG를 기존 경영시스템과 분리된 새로운 영역으로 취급해 왔고, 그 결과 ESG는 평가 대응이나 공시 작업으로 축소되거나, 특정 부서의 부담으로 전가되었다. 이 책은 이러한 단절이 ESG 자체의 난이도 때문이 아니라, 검증된 관리 구조를 적용하지 않았기 때문에 발생한 문제임을 전제로 한다.

이 책은 ISO 경영시스템이 ESG에도 그대로 적용될 수 있으며, 오히려 ESG야말로 경영시스템 접근이 가장 절실한 영역임을 보여 주고자 한다. 이 과정에서 이 책은 K-ESG 가이드라인과 ISO 경영시스템의 관계를 하나의 고정된 정답으로 제시하려는 의도를 갖지 않는다. K-ESG와 ISO 경영시스템은 각각 목적과 성격이 다른 체계이며, 이를 어떻게 연결하고 해석할 것인지는 조직의 산업 특성, 규모, 전략, 그리고 ESG를 다루는 방식에 따라 달라질 수 있다. 따라서 K-ESG 항목을 ISO 경영시스템에 대응시키는 과정에는 필연적으로 해석의 여지가 존재하며, 다른 관점과 다른 연결구조 역시 충분히 가능하다.

이 책에서 제시하는 연결구조와 해석은 이러한 다양성을 부정하기 위한 것이 아니라, ESG를 선언이나 평가 대응의 영역에 머물게 하지 않고 실제로 작동하는 경영시스템으로 전환하기 위한 하나의 일관된 해석 프레임이다. 다시 말해, 이 책은 K-ESG의 69개 진단항목을 ISO 경영시스템의 구조 속에 기계적으로 대응시키지 않고, 실행 가능성과 반복 가능성이라는 기준에 따라 재해석한 저자의 관점을 제시한다. 이를 통해 독자는 제시된 연결구조를 정답으로 받아들이기보다, 자신의 조직상황에 맞는 ESG 경영시스템을 설계하고 조정하기 위한 구조적 언어와 사고의 기준을 확보할 수 있을 것이다.

이를 위해 이 책은 K-ESG 가이드라인의 69개 진단항목을 단순한 평가 지표로 다루지 않는다. 각 항목을 ISO 경영시스템의 흐름 속에 재배치함으로써, ESG의 '무엇(What)'이 ISO 경영시스템의 '어떻게(How)'와 구조적으로 결합되는 지점을 제시한다. ISO 4항에서는 조직이 어떤 ESG 이슈를 책임 범위로 설정하는지를, ISO 5항에서는 ESG 판단이 누구의 권한으로 귀속되는지를, ISO 6항에서는 목표·지표·리스크가 어떻게 기획되는지를, ISO 7항과 8항에서는 실행을 가능하게 하는 지원과 운영 규칙이 어떻게 작동하는지를, ISO 9항과 10항에서는 성과평가와 개선을 통해 ESG가 어떻게 스스로를 점검하고 수정하는지를 다룬다.

이러한 접근을 통해 ESG는 더 이상 분절된 활동의 집합이 아니라, 하나의 순환하는 경영시스템으로 재구성된다. 선언은 책임으로, 책임은 기획으로, 기획은 운영으로, 운영은 평가로, 평가는 다시 개선과 재설계로 이어진다. 이 순환이 작동할 때, ESG는 외부 요구에 대응하는 부담이 아니라 조직 스스로를 진화시키는 경영 도구가 된다.

이 책은 ESG 공시 담당자만을 위한 책이 아니다. 또한 평가 대응을 위한 매뉴얼도 아니다. 이 책은 ESG를 경영의 언어로 이해하려는 경영자, ESG를 시스템으로 설계해야 하는 컨설턴트, 그리고 ISO 경영시스템을 실제로 설계·운영·유지·개선해야 하는 기업의 경영시스템 담당자와 실무자 등을 위한 책이다. 아울러 ESG를 학문적·실천적

으로 탐구하는 연구자와 교육자에게도 하나의 구조적 해석 틀을 제
공하고자 한다. ESG를 '왜 해야 하는가'보다, '어떻게 관리해야 지속
가능한가'를 고민하는 독자에게 이 책은 하나의 기준점을 제공할 것
이다.

ESG는 유행이 아니다. 또한 ESG를 유행처럼 다루는 접근은 오래
지속될 수 없다. 이 책이 제안하는 것은 새로운 기준이 아니라, 이미
검증된 경영시스템 언어로 ESG를 다시 읽는 방법이다. ESG를 관리
가능한 구조로 이해하는 순간, ESG는 부담이 아니라 경영 그 자체가
된다.

제1장

ESG와 경영시스템:
ESG와 ISO 경영시스템의 만남

[ESG 개념의 진화와 한계]

ESG(Environmental, Social, Governance)는 기업의 비재무적 요소가 장기적인 기업 가치와 위험에 영향을 미친다는 문제의식에서 출발한 개념이다. ESG가 본격적으로 논의되기 이전에도 기업의 사회적 책임(CSR)이나 지속가능경영이라는 담론은 존재했지만, 이들은 주로 윤리적 권고나 자발적 활동의 영역에 머무르는 경우가 많았다. ESG의 등장은 이러한 비재무적 요소를 도덕적 요청이 아니라, 투자·경영 판단의 변수로 전환하려는 시도였다는 점에서 중요한 전환점을 형성한다.

초기 ESG 논의는 투자자 관점에서 급속히 확산되었다. 기업의 환경 리스크, 사회적 분쟁 가능성, 지배구조 취약성은 단기적인 재무성과보다 장기적인 기업 가치에 더 치명적인 영향을 미칠 수 있다는 인식이 자리 잡으면서, ESG는 기업 평가와 자본 배분의 새로운 기준으로 주목받기 시작했다. 이 과정에서 ESG는 '착한 기업'의 기준이 아니라, 리스크 관리와 지속가능성 판단을 위한 분석 프레임으로 자리매김했다.

그러나 ESG가 확산되는 속도에 비해, 이를 조직 내부의 경영시스템으로 전환하는 논의는 충분히 축적되지 못했다. ESG는 빠르게 공시 기준과 평가 지표의 형태로 제도화되었지만, 많은 조직에서 ESG는 기존 경영 판단 구조와 분리된 상태로 도입되었다. ESG 전담 조직이 신설되고, 보고서와 공시는 정교해졌지만, 실제 의사결정 과정에서 ESG가 판단의 기준으로 작동하는 사례는 제한적이었다.

이러한 현상은 ESG 개념의 한계를 드러낸다기보다, ESG를 적용하는 방식의 구조적 한계를 드러냈다. ESG는 본래 장기적 관점에서 기업의 지속가능성을 다루는 개념이지만, 이를 뒷받침할 관리 구조 없이 도입될 경우, ESG는 '추가 업무', '외부 대응', '평가 대응'의 성격을 띠게 된다. 이때 ESG는 경영의 핵심 논리가 아니라, 경영 외곽에 부착된 요구사항으로 인식되기 쉽다.

특히 ESG가 평가와 공시 중심으로 확산되면서, ESG는 점차 결과 중심의 관리 대상으로 고착되었다. 기업은 '무엇을 하고 있는가'를 설명하는 데에는 익숙해졌지만, '왜 그렇게 판단했는가', '그 판단이 실패했을 때 무엇이 달라지는가'에 대해서는 충분한 구조를 갖추지 못한 경우가 많았다. 이로 인해 ESG는 실행의 축적보다는 보고의 축적으로 나타나는 경향을 보였다.

여기서 중요한 질문은 ESG의 유효성 자체가 아니라, ESG가 조직 내부에서 반복 가능한 판단 구조로 작동하고 있는가다. ESG는 단발성 프로젝트나 캠페인으로는 그 의미를 가질 수 없다. 기후변화, 인권, 안전, 지배구조와 같은 이슈들은 대부분 단기간에 해결되지 않으며, 반복적인 판단과 조정, 실패와 개선을 통해서만 관리될 수 있는 성격을 가진다. 이러한 이슈들을 다루기 위해서는 선언이나 지표 이상의 구조가 필요하다.

ESG의 근본적 한계는 바로 이 지점에서 발생한다. 여기서 주목할 점은, ESG가 제기하는 대부분의 문제들이 '무엇을 해야 하는가'를 몰라서 발생하는 것이 아니라, '어떻게 관리해야 하는가'를 구조화하지 못했기 때문에 반복된다는 사실이다. 많은 기업은 기후변화 대응, 인권 보호, 안전 확보, 지배구조 개선이 중요하다는 점을 이미 알고 있다. 실제로 관련 방침을 수립하고, 목표를 선언하며, 다양한 활동을 수행하고 있는 경우도 적지 않다. 그럼에도 불구하고 ESG가 경영 전반을 바꾸는 힘으로 작동하지 못하는 이유는, 이러한 활동들이 조직의 판단 구조 안에서 반복 가능하게 관리되지 않기 때문이다.

ESG 이슈는 대부분 단일 부서나 단일 의사결정으로 해결될 수 없는 성격을 가진다. 환경 문제는 생산·구매·설비·재무 판단과 얽혀 있고, 사회 이슈는 인사·노무·안전·공급망 전반에 영향을 미치며, 지배구조 이슈는 전략과 투자 결정의 방식 자체를 바꾼다. 그럼에도 ESG를 개별 과제나 캠페인 단위로 다루는 접근은, 이 복합적인 문제를 단순화시키고 책임을 분산시키는 결과를 낳는다. 이때 ESG는 '전사적 판단의 문제'가 아니라 '특정 조직의 관리 업무'로 축소되기 쉽다.

결국 ESG의 한계는 실행 의지의 부족이 아니라, 판단과 관리의 구조가 부재한 데서 발생한다. ESG를 잘하고 있는지를 묻는 질문만으로는, 왜 같은 문제가 반복되는지, 왜 성과가 축적되지 않는지, 왜 위기 상황에서 ESG가 가장 먼저 후순위로 밀려나는지를 설명할 수 없다. 이러한 질문에 답하기 위해서는 ESG를 활동의 집합이 아니라, 경영시스템이 다루어야 할 관리 대상으로 재정의할 필요가 있다. 이 지점에서 ESG는 더 이상 가치 선언의 문제가 아니라, 구조 설계의 문제로 전환된다.

다시 말해, ESG는 무엇을 중요하게 볼 것인지는 제시하지만, 그것을 어떤 기준으로 판단하고, 누가 책임지며, 문제가 발생했을 때 어떻게 수정할 것인지에 대한 운영 논리를 스스로 제공하지는 않는다. 이로 인해 ESG는 종종 '무엇을 해야 하는가'는 분명하지만, '어떻게 관리해야 하는가'는 불분명한 개념으로 남는다.

이 한계는 ESG가 잘못 설계되었기 때문이 아니라, ESG가 본래 경영시스템 그 자체가 아니라, 경영시스템이 다루어야 할 내용의 집합이기 때문이다. 다시 말해 ESG는 관리의 대상이지, 관리의 구조는 아니다. ESG가 경영의 일부로 작동하기 위해서는, 이를 수용하고 반복 가능하게 만드는 별도의 시스템적 틀이 필요하다.

이 지점에서 ESG는 새로운 질문을 요구한다.

ESG를 잘하고 있는가는 더 이상 충분한 질문이 아니다.

중요한 것은 ESG가 조직의 경영 판단과 운영 구조 안에서 어떻게 관리되고 있는가다.

이 질문에 답하지 못하는 한, ESG는 아무리 정교한 지표와 평가 체계를 갖추더라도 선언과 대응의 수준을 넘어서기 어렵다. 그리고 바로 이 문제의식이, ESG를 경영시스템의 언어로 재해석해야 할 필요성을 제기한다.

[ESG 평가 중심 접근의 구조적 문제]

ESG가 전 세계적으로 빠르게 확산되는 과정에서, 가장 강력한 촉진 요인은 평가와 공시 체계였다. 투자자, 평가기관, 규제기관은 기업의 ESG 수준을 비교·판단하기 위해 다양한 지표와 점수 체계를 도입했고, 기업 역시 이러한 요구에 대응하기 위해 ESG 평가 대응을 경영의 중요한 과제로 인식하게 되었다. 그 결과 ESG는 비교적 짧은 시간 안에 기업 경영의 주요 키워드로 자리 잡을 수 있었다.

그러나 ESG가 평가 중심으로 확산된 방식은 동시에 구조적인 문제를 내포하고 있다. 평가 체계는 본질적으로 결과를 비교하기 위한 도구이지, 조직 내부의 판단과 실행 과정을 설계하기 위한 시스템은 아니다. 이로 인해 많은 조직에서 ESG는 경영 판단의 출발점이 아니라, 사후적으로 점검되고 보고되어야 할 결과물로 인식되기 시작했다.

평가 중심 접근의 가장 큰 특징은 ESG를 '관리해야 할 과정'이 아니라, '잘 받아야 할 점수'로 전환시킨다는 점이다. 기업은 왜 특정 ESG 활동을 수행하는지보다, 그 활동이 평가 항목에 반영되는지를 우선적으로 고려하게 된다. 이때 ESG는 전략적 판단의 기준이 아니라, 외부 요구에 대응하기 위한 체크리스트로 기능하게 된다.

이러한 구조에서는 ESG 활동의 내적 정합성이 약화된다. 동일한 ESG 활동이라 하더라도 조직의 상황, 사업 구조, 리스크 특성에 따라 그 의미와 우선순위는 달라져야 한다. 그러나 평가 중심 접근에서는 이러한 차이가 충분히 반영되기 어렵다. 결과적으로 기업은 자신에게 가장 중요한 ESG 리스크보다, 평가 점수에 영향을 미치는 항목을 우선적으로 관리하게 된다.

또 다른 문제는 ESG 평가가 시간적 맥락을 충분히 반영하지 못한다는 점이다. ESG 성과의 상당 부분은 단기간에 수치로 드러나지 않는다. 환경 개선, 안전 문화 정착, 인권 리스크 감소는 장기적인 변화의 결과로 나타나며, 초기 단계에서는 오히려 비용 증가나 성과 악화로 보일 수도 있다. 그러나 평가 체계는 이러한 과정을 충분히 설명하지 못하고, 특정 시점의 결과를 기준으로 조직을 비교한다.

이로 인해 기업은 장기적인 개선보다는 단기적인 지표 개선에 유리한 선택을 할 유인을 갖게 된다. ESG의 본래 목적이 장기적 지속가능성 확보임에도 불구하고, 평가 중심 접근은 오히려 단기 대응과 표면적 개선을 강화하는 역설을 낳는다. 이 지점에서 ESG는 장기 전략의 일부가 아니라, 연례 평가 대응 과제로 전락할 위험을 갖는다.

평가 중심 접근이 초래하는 또 하나의 구조적 문제는 책임의 불명확성이다. ESG 점수는 존재하지만, 그 점수에 대해 누가 어떤 판단을 내렸고, 그 판단이 실패했을 때 누가 책임을 지는지는 명확하지 않은 경우가 많다. ESG가 경영시스템 안에 내재화되지 않은 상태에서는, ESG 성과는 특정 부서나 담당자의 업무로 한정되고, 최고 의사결정 구조와는 분리되기 쉽다.

이러한 분리는 ESG를 '전사적 판단 체계'가 아니라 '전담 조직의 관리 영역'으로 축소시킨다. 결과적으로 ESG는 경영 전략, 투자 결정, 자원 배분과 같은 핵심 의사결정과 느슨하게 연결되거나, 사후적으로만 참조되는 보조 정보로 취급된다. 이 경우 ESG 평가 결과는 존재하지만, ESG가 실제로 경영 판단을 바꾸는 사례는 제한적일 수밖에 없다.

이 구조는 그린워싱 논란이 반복되는 배경이 되기도 한다. 외부에서는 ESG 공시와 평가 점수를 통해 기업의 지속가능성을 판단하지만, 내부에서는 그 성과가 어떤 기준과 판단 과정을 거쳐 만들어졌는지가 충분히 관리되지 않는 경우가 발생한다. 이는 의도적인 왜곡이 아니라, ESG를 평가 대응으로만 관리한 구조적 결과에 가깝다.

결국 ESG 평가 중심 접근의 한계는 ESG 자체의 문제라기보다, ESG를 다루는 방식의 문제다. 평가는 필요하다. 비교도 필요하다. 그러나 평가가 ESG 관리의 출발점이 되는 순간, ESG는 경영시스템이 아니라 외부 대응 논리로 작동하게 된다. 이 상태에서는 ESG가 아무리 정교해져도, 조직의 판단 구조와 운영 방식은 근본적으로 바꿰기 어렵다.

이 지점에서 ESG는 다시 질문을 요구한다.

ESG를 평가받기 위해 관리할 것인가,

아니면 경영 판단을 위해 관리할 것인가.

이 질문에 대한 답이 후자라면, ESG는 평가 이전에 조직 내부에서 반복 가능하게 작동하는 관리 구조를 가져야 한다. 바로 이 지점에서 ESG는 더 이상 개별 기준이나 점수의 문제가 아니라, 경영시스템의 문제로 전환된다. 그리고 이 전환을 가능하게 하는 구조적 틀이 무엇인가에 대한 논의가, 다음에서 다룰 ISO 경영시스템과 PDCA 사이클로 자연스럽게 이어진다.

ISO 경영시스템(Annex SL)과 PDCA, 그리고 리스크 기반 사고

ISO 경영시스템(Annex SL)은 기업의 성과를 체계적으로 개선하고, 장기적인 관점에서 지속가능한 발전을 가능하게 하기 위한 관리 프레임워크이다. ESG 경영이 환경·사회·지배구조 측면에서 기업이 추구해야 할 가치와 방향을 제시한다면, ISO 경영시스템은 그러한 가치와 방향을 조직의 운영 전반에 일관되게 적용하고 관리하기 위한 실행 체계를 제공한다. 이러한 점에서 ISO 경영시스템은 ESG 경영의 철학을 실제 경영 활동으로 전환하기 위한 기반 시스템으로 이해할 수 있다.

ISO 경영시스템의 구조적 특징은 PDCA(Plan-Do-Check-Act) 사이클에 있다. PDCA는 계획 수립, 실행, 점검, 개선의 반복 과정을 통해 조직의 성과를 지속적으로 향상시키는 관리 논리로, ISO의 모든 경영시스템 표준은 이 순환 구조를 공통적으로 채택하고 있다. 이 구조는 단일 활동의 관리가 아니라, 조직 전체가 하나의 유기적인 시스템으로 작동하도록 설계되어 있다는 점에서 의미가 있다.

그림 1 PDCA 사이클

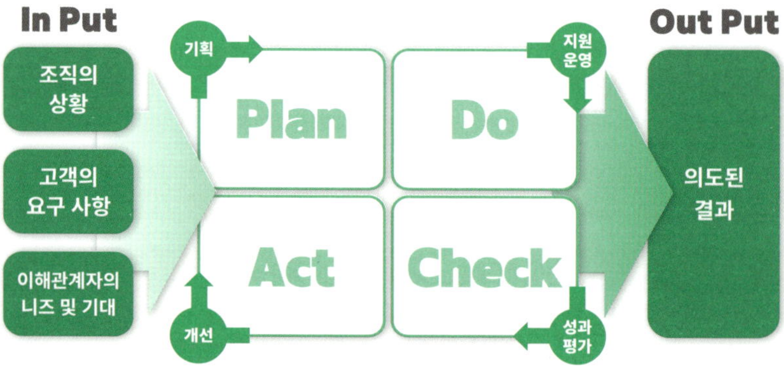

경영시스템은 개별적인 활동들의 단순한 집합이 아니다. 각각의 활동은 프로세스로 구조화되고, 이러한 프로세스들이 상호작용함으로써 하나의 시스템을 형성한다. 예를 들어 제조업의 경우, 원자재를 구매하는 구매 프로세스 이후에는 해당 원자재가 요구사항에 적합한지를 확인하는 검사 프로세스가 수행되고, 그다음으로 생산 프로세스가 이어진다. 이 과정에서 앞선 프로세스의 산출물은 다음 프로세스의 입력물이 되며, 이러한 연속성과 상호의존성을 통해 전체 시스템이 작동한다. 이러한 프로세스 간 연계와 상호의존성은 제조업뿐 아니라, 기획·영업·인사·재무 등 모든 조직 활동 전반에 동일하게 적용되는 경영시스템의 일반적 특성이다.

이러한 관점에서 특정 프로세스의 목표 달성 여부는 해당 프로세스 자체의 수행 수준만으로 결정되지 않는다. 해당 프로세스가 효과적으로 운영되기 위해서는 그 이전 단계의 프로세스가 성실히 수행되어 적절한 산출물이 제공되어야 한다. 만약 이전 프로세스의 산출물이 부적절하다면, 이후 프로세스가 아무리 충실히 수행되더라도 해당 프로세스의 목표를 달성하기는 어렵다. 이는 경영시스템이 개별 부서나 단위 활동의 문제가 아니라, 전체 프로세스 간 연계와 흐름의 문제임을 보여 준다.

많은 조직이 이미 ISO 인증을 보유하고 있거나, 과거에 인증을 유지한 경험을 가지고 있다. 그러나 ISO 인증의 보유 여부가 곧 경영시스템이 정상적으로 작동하고 있음을 의미하지는 않는다. 실제 현장에서는 기준과 절차가 문서로는 존재하지만, 판단은 여전히 개인의 경험이나 관행에 의존하고, 성과와 개선이 구조적으로 연결되지 않은 상태가 반복되기도 한다. 이 경우 ISO 경영시스템은 관리 구조라기보다 형식 요건으로 기능하게 된다. 즉, 인증은 '보유 여부'로 확인되지만, 경영시스템의 실체는 '작동 여부'로만 확인된다.

중요한 점은 ESG 경영에서 핵심이 '인증 취득'에 있지 않다는 사실이다. 인증을 받지 않았더라도 ISO 경영시스템의 구조와 논리를 조직 내부에 적용하고 있다면, ESG는 충분히 관리 가능한 영역이 된다. 반대로 인증을 보유하고 있더라도 경영시스템이 실제로 작동하지 않는다면, ESG는 선언이나 캠페인 수준에서 머무를 가능성이 높다. 문제의 핵심은 인증의 유무가 아니라, 경영시스템이 존재하는가, 그리고 그 시스템이 실제로 판단과 운영을 규율하고 있는가에 있다.

경영시스템이 부재하거나 형식화된 상태에서 ESG를 추진할 경우, 가장 먼저 나타나는 문제는 판단 기준의 불일치와 데이터 관리의 단절이다. ESG 관련 지표는 수집되지만, 왜 그 지표를 관리하는지에 대한 공통의 판단 기준은 공유되지 않고, 부서별로 상이한 해석이 누적된다. 이 과정에서 일부 데이터는 의도하지 않게 누락되고, 일부 성과는 과도하게 강조되며, 결과적으로 ESG 공시는 실제 운영과 괴리된 모습으로 나타나기 쉽다.

이러한 현상은 흔히 윤리나 태도의 문제로 오해되지만, 보다 정확히 말하면 시스템의 문제에 가깝다. 판단 기준이 고정되지 않고, 책임 구조가 명확하지 않으며, 성과가 개선으로 연결되지 않는 상태에서는 ESG는 언제든지 외형 중심의 활동으로 전환될 수 있다. 의도하지 않은 데이터 누락이나 선택적 해석이 반복될 경우, 이는 결과적으로 그린워싱 논란으로 이어질 가능성도 배제할 수 없다.

따라서 ESG의 신뢰성과 지속가능성은 선언의 강도나 목표의 수준에 의해 결정되지 않는다. 그것은 ESG를 지탱하는 경영시스템이 실제로 작동하고 있는지 여부에 의해 좌우된다. 이 책이 ESG를 ISO 경영시스템의 관점에서 해석하고자 하는 이유도 바로 여기에 있다. ESG는 새로운 과제가 아니라, 기존 경영시스템이 제대로 작동하고 있는지를 시험하는 가장 복합적인 영역이기 때문이다. 그렇다면 경영시스템이 '작동하고 있다'는 것은 무엇을 의미하는가. 그것은 단순히 계획이 수립되고 실행이 이루어졌다는 사실이 아니라, 그 결과가 점검되고 다시 계획에 반영되는 구조가 실제로 반복되고 있는지를 의미한다.

다시 말해 경영시스템이 '작동한다'는 말은 곧 PDCA가 실제로 순환하고 있음을 뜻한다. 그럼에도 많은 기업에서는 PDCA 사이클이 온전히 작동하지 못하고, 계획(Plan)과 실행(Do) 단계에만 머무르는 경우가 적지 않다. 계획을 수립하고 이를 실행하는 것만으로도 조직은 일정 수준의 운영을 유지할 수 있다. 그러나 이러한 방식으로는 지속적인 성과 향상이나 구조적인 개선을 기대하기 어렵다. 계획은 항상 의도한 대로 실행되지 않으며, 실행 결과 역시 계획 단계에서 기대한 성과와 일치하지 않는 경우가 많다. 이때 중요한 것은 실행이 이루어지지 않았거나, 실행 결과가 기대에 미치지 못했을 경우 그 원인을 점검하고(Check), 그 결과를 다음 계획에 반영하는 개선(Act)의 단계이다. 많은 조직에서는 성과가 기대에 미치지 못할 경우, 그때그때 보완 조치를 취하는 방식으로 대응한다. 목표를 일부 조정하거나, 추가 업무를 지시하거나, 일시적인 지원을 강화하는 시정조치의 방식이 이에 해당한다.

이러한 대응은 단기적으로는 문제를 완화하는 효과를 가질 수 있으나, 동일한 문제가 반복되는 구조 자체를 바꾸지는 못한다. 이는 성과 미달이라는 결과에만 반응하는 시정조치에 해당하며, 왜 해당 목표가 계획된 방식으로는 달성되기 어려웠는지에 대한 평가와 학습이 결여된 상태라 할 수 있다.

반면 개선은 성과가 달성되지 않았다는 사실 그 자체보다, 그 결과가 발생한 구조적 원인을 분석하는 데서 출발한다. 목표 설정 방식이 현실과 맞지 않았는지, 자원이 충분히 배분되었는지, 의사결정 구조나 업무 절차에 반복적인 병목은 없었는지를 점검하고, 그 결과를 다음 계획에 반영하는 것이 개선의 핵심이다. 이러한 과정이 수반되지 않는다면, 조직은 매년 유사한 목표를 설정하고, 유사한 성과 미달을 반복하게 된다.

결국 시정조치만 반복되는 조직은 문제를 '해결'하고 있는 것처럼 보이지만, 실제로는 동일한 문제를 다른 형태로 계속 재생산하고 있을 가능성이 높다. PDCA 사이클이 작동하는 경영시스템이란, 단순히 문제를 정상 상태로 되돌리는 체계가 아니라, 문제를 통해 시스템이 학습하고 성숙해지는 구조를 의미한다. 지속적 개선의 메커니즘은 ISO 경영시스템의 핵심이며, ESG에서 강조하는 지속가능한 발전 역시 이러한 관리 구조 없이는 실질적으로 구현되기 어렵다.

PDCA는 단순한 절차가 아니라, 판단이 반복되는 구조다. 많은 조직이 PDCA를 알고 있다고 말한다. 실제로 계획서는 매년 작성되고, 실행 기록은 누적되며, 점검과 개선이라는 명칭의 활동도 정기적으로 이루어진다. 그럼에도 조직은 비슷한 문제를 반복하고, 유사한 실패를 되풀이한다. 이 모순은 PDCA가 존재하지 않아서 발생하는 것이 아니다. PDCA가 순환하지 않기 때문에 발생한다.

ISO 경영시스템에서 PDCA는 업무를 배열하는 순서가 아니다. PDCA는 조직이 무엇을 중요하게 다룰 것인지 결정하고, 그 결정의 결과를 해석하며, 다음 선택의 기준을 수정해 나가는 판단의 순환 구조다. 이 순환이 유지될 때 조직은 스스로를 조정할 수 있지만, 어느 한 지점에서라도 이 흐름이 끊어지면 PDCA는 곧 형식으로 전락한다. PDCA가 '있다'는 사실과 PDCA가 '순환한다'는 사실은 다르며, 많은 조직의 문제는 전자에 머무른다는 점에서 발생한다.

특히 PDCA가 절차로 오해될 때 가장 먼저 약화되는 단계는 '점검'과 '개선'이다. 점검은 성과를 확인하는 단계로 축소되고, 개선은 지적사항을 정리하는 후속 조치로 오해된다. 이 경우 점검은 다음 계획을 바꾸는 정보가 되지 못하고, 개선은 일회성 대응으로 끝난다. 겉으로 보기에는 PDCA가 순환하는 것처럼 보이지만, 실제로는 판단이 갱신되지 않는 구조가 반복될 뿐이다. 계획은 해마다 존재하지만 기준은 바뀌지 않고, 실행은 기록되지만 학습은 축적되지 않으며, 점검은 수행되지만 다음 계획의 전제를 흔들지 못한다.

PDCA가 멈출 때 나타나는 조직의 공통된 징후는 분명하다. 첫 번째 징후는 계획이 미래를 설계하는 행위가 아니라 과거를 반복하는 행위로 굳어질 때 나타난다. 계획은 새로운 선택의 결과가 아니라, 전년도 문서를 일부 수정하는 작업으로 전락한다. 관리대상과 판단 기준은 거의 변하지 않고, 목표 수치만 미세하게 조정된다. 이 경우 계획은 스스로를 점검하거나 수정하게 만드는 질문을 만들어 내지 못하고, 이후 단계들은 기존 방식이 그대로 반복되는 절차로 흘러

1.3 ISO 경영시스템(Annex SL)과 PDCA, 그리고 리스크 기반 사고

간다. 이러한 계획 아래에서 실행은 자연스럽게 관성에 의해 이루어
진다. 실행 단계는 계획의 타당성을 시험하는 과정이어야 하지만, 계
획 자체가 이미 익숙한 전제를 반복하고 있기 때문에 실행은 새로운
정보를 만들어 내지 못한다. 이때 조직은 실행의 문제를 현장의 이행
부족이나 개인의 역량 문제로 해석하기 쉽다. 그러나 실제로는 실행
이 실패한 것이 아니라, 실행을 통해 드러나야 할 계획의 한계가 애
초에 가려져 있었던 것이다.

두 번째 징후는 점검이 해석이 아니라 평가로만 기능할 때 나타난
다. 점검 단계에서 조직은 수치를 확인하고 목표 달성 여부를 판단한
다. 그러나 이 과정이 결과의 의미를 해석하는 단계로 이어지지 않으
면, 점검은 다음 판단이나 행동을 바꾸는 데 필요한 정보를 제공하지
못한다. 수치가 좋을 경우 기존 방식은 정당화되고, 수치가 나쁠 경
우 책임 소재를 찾는 방향으로 논의가 이동한다. 이때 점검은 다음
계획을 바꾸는 정보가 아니라, 방어와 합리화의 도구가 된다. 결국
점검은 존재하지만 계획은 바뀌지 않는 구조가 반복된다.

세 번째 징후는 개선이 학습이 아니라 사후 조치로만 인식될 때
다. 많은 조직에서 개선은 사고나 부적합이 발생한 이후에만 등장한
다. 개선은 문제를 수습하는 행위로 이해되고, 조직의 판단 기준이
나 관리 범위를 조정하는 선택으로까지 이어지지 않는다. 이 경우 개
선은 PDCA의 일부가 아니라 예외 상황에 대한 대응 절차로 축소된
다. PDCA가 성숙한 조직에서는 개선이 불편한 일이 아니다. 개선은
실패를 정리하는 행위가 아니라, 다음 순환에서 더 나은 선택을 하기

위한 준비 과정이기 때문이다. 반대로 PDCA가 약한 조직에서는 개선이 곧 책임 추궁과 연결되며, 개선 자체가 회피의 대상이 된다. 이 차이는 개인의 태도 문제가 아니라, 구조가 작동하는 방식의 차이에 가깝다.

PDCA는 한 번의 순환으로 완성되는 구조가 아니다. 반복될수록 의미가 커지는 구조다. 첫 번째 순환에서는 관리 대상의 선택이 시험되고, 다음 순환에서는 실행 방식의 한계가 드러나며, 이후 순환에서는 조직의 판단 기준 자체가 조정된다. ISO 경영시스템이 PDCA를 핵심 구조로 삼는 이유는, 조직이 항상 옳은 판단을 내릴 것이라고 기대하지 않기 때문이다. 대신 ISO 경영시스템에서는 조직이 잘못된 판단을 수정할 수 있는 구조를 갖추고 있는지를 묻는다. PDCA가 형식으로 전락한 조직에서는 이 수정 기능이 작동하지 않는다. 그 결과 조직은 점점 더 많은 문서를 만들지만, 판단과 운영 방식은 거의 달라지지 않는다.

다만 PDCA가 '순환 구조'라는 사실만으로는 충분하지 않다. 실제 경영 환경에서는 모든 관리 대상을 동일한 중요도로 다룰 수 없으며, 무엇을 우선적으로 관리할 것인지에 대한 판단 기준이 추가적으로 요구된다. ISO 경영시스템은 이 기준으로 리스크 기반 사고를 채택하고 있다. 즉, PDCA가 조직의 학습과 개선을 가능하게 하는 기본 순환 구조라면, 리스크 기반 사고는 그 순환이 어디에 집중되어야 하는지를 결정하는 우선순위의 논리로 기능한다.

리스크 기반 사고는 PDCA와 별도로 추가되는 '기법'이라기보다,

1.3 ISO 경영시스템(Annex SL)과 PDCA, 그리고 리스크 기반 사고

PDCA가 현실의 경영 환경에서 작동하기 위해 필요한 집중의 원리에 가깝다. PDCA가 조직을 학습 가능한 운영체계로 만드는 순환 구조라면, 리스크 기반 사고는 그 순환이 어디에 먼저 적용되어야 하는지, 그리고 무엇이 우선적으로 관리 대상으로 편입되어야 하는지를 정하는 판단의 기준이 된다. 다시 말해 PDCA는 순환을 가능하게 하는 구조이고, 리스크 기반 사고는 그 순환의 초점을 정하는 논리다. 이 지점에서 중요한 사실은, PDCA가 반복된다는 이유만으로 조직의 성과가 자동으로 개선되지는 않는다는 점이다. 많은 조직이 계획과 실행을 반복하지만, 그 반복이 성과로 연결되지 않는 이유는 '무엇을' 반복해야 하는지에 대한 선택이 불분명하기 때문이다. 관리 대상이 지나치게 넓거나, 중요도 구분 없이 동일한 방식으로 관리되거나, 핵심 리스크가 주변 업무와 동일한 무게로 처리될 경우, PDCA는 돌고 있어도 조직의 변화는 체감되지 않는다. 결국 PDCA의 반복은 '운영의 반복'이 될 수는 있어도 '학습의 반복'이 되지 못한다.

현장에서 리스크 기반 사고가 형식으로 전락하는 대표적인 방식은, 위험요인 목록은 만들어지지만 그 목록이 실제 의사결정의 기준으로 사용되지 않는 경우다. 위험이 기록되기는 하지만, 그 위험이 목표 설정을 바꾸지 못하고, 자원 배분의 우선순위를 바꾸지 못하며, 운영계획의 설계를 다시 짜게 만들지 못한다. 이때 리스크 평가는 '작성해야 하는 문서'로 남고, 경영시스템은 리스크를 통제하는 구조가 아니라 리스크를 기록하는 구조로 축소된다. 리스크 기반 사고가 '있다'는 사실과 리스크 기반 사고가 '작동한다'는 사실이 다른 이유가 여기에 있다.

ISO 경영시스템이 리스크 기반 사고를 요구하는 이유는 조직이 모든 것을 다 잘할 수 없다는 현실을 전제하기 때문이다. 경영자원은 언제나 한정되어 있고, 조직이 직면한 불확실성은 동시에 여러 방향에서 발생한다. 따라서 리스크 기반 사고의 핵심은 '리스크를 모두 제거하라'가 아니라, '리스크를 어떻게 다룰 것인지 선택하라'에 있다. 제거·저감·전가·수용 가운데 어떤 방식이 합리적인지 판단하고, 그 판단이 계획(Plan)의 내용과 실행(Do)의 설계를 바꾸는 방식으로 반영될 때, 비로소 경영시스템은 리스크를 '관리'한다고 말할 수 있다. 이 판단이 반복될 때 PDCA는 절차가 아니라 운영의 언어가 되고, 시스템은 문서가 아니라 실제 조정 장치가 된다.

경영시스템의 모든 프로세스에는 잠재적 리스크가 내재한다. 다만 ISO가 말하는 리스크 기반 사고는 '리스크를 찾아 적어 두는 활동'이 아니라, 그 리스크를 경영 판단의 언어로 전환하는 방식에 가깝다. 다시 말해 리스크를 모두 제거하는 것이 목적이 아니라, 제거·저감·전가·수용 가운데 어떤 선택이 합리적인지 결정하고, 그 선택을 목표와 운영계획에 반영하는 것이 핵심이다. 이 관점을 가장 직관적으로 이해하기 위해, 간단한 비용-효과의 예시를 들어 보자.

한 달에 한 번 정도 발생하며 발생 시마다 약 10원의 손실이 예상되는 리스크가 있다고 가정해 보자. 이 리스크를 분석한 결과, 해당 리스크를 완전히 제거하기 위해 약 10억 원의 비용이 소요된다면, 이 리스크를 제거하는 것이 합리적인 선택이라고 보기는 어렵다. 이러한 경우, 해당 리스크는 조직이 인지한 상태에서 수용하고, 보다 중요한 리스크나 전략적 과제에 자원을 투자하는 것이 경영시스템 관점에서는 합리적인 판단이 된다.

리스크 기반 사고가 결여된 조직에서는 눈에 보이는 잠재적 리스크를 모두 제거하려는 경향이 나타나기 쉽다. 이는 단기적으로는 안전해 보일 수 있으나, 장기적으로는 경영 자원이 비효율적으로 사용되고, 조직이 집중해야 할 핵심 과제에 충분한 투자가 이루어지지 못하는 결과로 이어질 수 있다. 이러한 접근은 ESG에서 강조하는 지속 가능한 발전을 실제로 구현하는 데에도 한계를 가져올 수 있다.

ISO 경영시스템은 이러한 문제를 방지하기 위해, 리스크를 단순한 부정적 요소가 아니라 조직의 목표 달성에 영향을 미칠 수 있는 불확실성으로 인식하도록 요구한다. 이러한 불확실성은 반드시 단기적인 손실이나 사고의 형태로만 나타나는 것은 아니며, 환경 변화, 사회적 요구의 확대, 지배구조에 대한 기대 수준의 변화와 같이 중장기적인 관점에서 조직의 성과와 지속가능성에 영향을 미치는 형태로 나타나는 경우가 많다.

이러한 특성으로 인해, 환경·사회·지배구조와 관련된 이슈들은 개별 사건이나 단기 성과의 문제가 아니라, 조직이 장기적으로 추구하는 목표와 가치에 어떤 영향을 미칠 것인가의 문제로 인식될 필요가 있다. 즉, ESG와 관련된 다양한 이슈들은 경영시스템 관점에서 볼 때 조직이 관리하고 판단해야 할 중요한 불확실성의 영역에 해당한다.

리스크 기반 사고는 이러한 불확실성을 사전에 인식하고, 그 영향의 크기와 우선순위를 고려하여 한정된 자원을 합리적으로 배분할 수 있도록 하는 사고 체계이다. 따라서 ISO 경영시스템에서 리스크 기반 사고를 강조하는 이유는 위험을 회피하기 위함이 아니라, 조직이 직면한 환경 변화와 사회적 요구를 경영 의사결정의 맥락 속에서 체계적으로 다루기 위함이라 할 수 있다. 이러한 사고 체계가 전제될 때, ESG에서 강조하는 지속가능한 발전 역시 선언에 머무르지 않고 실제 경영 활동 속에서 구현될 수 있다.

한편 ISO 경영시스템 표준은 형식적으로 1항부터 10항까지의 구조를 갖고 있으나, 조직의 경영 판단과 운영 방식을 직접적으로 다루는 본문은 4항부터 시작된다. 1~3항은 적용 범위, 인용 표준, 용어 정의와 같이 표준 전반에 공통적으로 적용되는 전제 조건에 해당하며, 개별 조직의 관리 구조를 설계하거나 운영 논리를 규정하지 않는다. 반면 그림 2와 같이 4항부터 10항까지는 조직의 상황 인식, 리더십, 기획, 지원, 운영, 성과평가, 개선에 이르는 경영시스템의 핵심 흐름을 단계적으로 제시한다.

이러한 구조는 PDCA 사이클과 리스크 기반 사고를 통해, 조직이 무엇을 관리 대상으로 삼고, 어떤 기준으로 판단하며, 문제가 발생했을 때 어떻게 수정·개선할 것인지를 반복 가능하게 설계하도록 한다. 이 책이 ISO 4항~10항을 중심으로 ESG를 해석하는 이유는, 이 구간이 ESG를 선언이나 평가 항목이 아니라, 조직의 경영시스템 안에서 지속적으로 작동하는 관리 대상으로 전환하는 논리가 집중되어 있기 때문이다.

이 관점에서 ISO 경영시스템의 4~10항 구조는 ESG를 별도의 추가 과제가 아니라, 기존의 기획-운영-평가-개선 흐름 안으로 수용할 수 있는 하나의 완결된 관리 틀로 기능한다. 이후 장에서는 이 구조 위에서 K-ESG 가이드라인의 진단항목들이 어떻게 경영시스템의 각 단계에 배치될 수 있는지를 구체적으로 살펴본다.

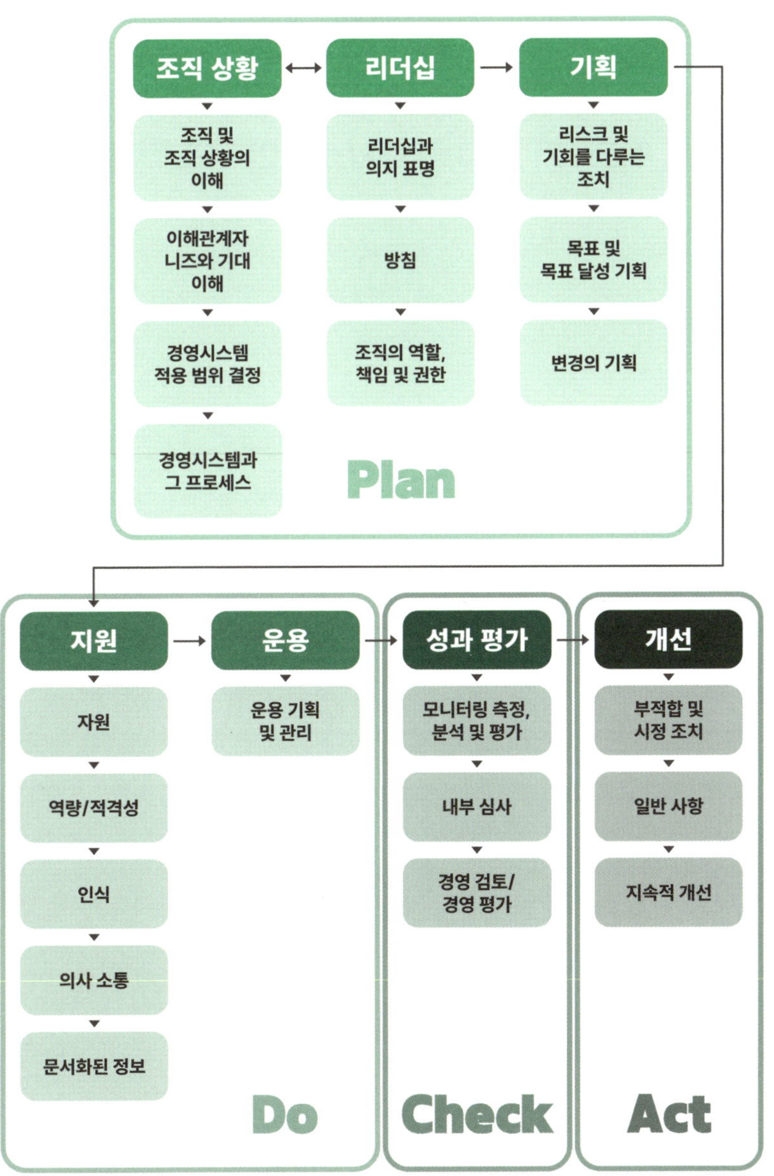

1.3 ISO 경영시스템(Annex SL)과 PDCA, 그리고 리스크 기반 사고

[K-ESG와 ISO 경영시스템의 구조적 결합]

이 절에서는 K-ESG 가이드라인의 진단항목을 ISO 경영시스템의 4~10항 구조 위에 재배치함으로써, ESG 요구사항이 경영 판단과 운영 구조 속에서 어떻게 관리 대상으로 전환될 수 있는지를 살펴본다. K-ESG 가이드라인은 환경(E), 사회(S), 지배구조(G) 및 정보공시(P) 영역으로 구성되며, 총 4개 영역, 29개 범주, 69개의 기본 진단항목으로 이루어져 있다.

이 진단항목들은 개별 활동의 수행 여부를 점검하기 위한 체크리스트라기보다, 조직의 경영 판단과 운영 구조 안에 ESG 요소가 어떻게 포함되어 있는지를 확인하기 위한 구조적 질문에 가깝다.

이 책에서는 이들 항목을 개별적으로 설명하기보다, ISO 경영시스템의 4~10항 구조 위에 재배치하여 각 항목이 어느 관리 단계의 논리에 해당하는지를 해석한다.

다음 도표는 K-ESG 진단항목의 전체 구성을 개괄적으로 보여 주기 위한 참조 자료이며, 이후 장에서 제시될 K-ESG 가이드라인과 ISO 경영시스템의 연결구조를 이해하기 위한 기초 정보로 활용된다.

이 책에서 K-ESG 가이드라인은 ESG 경영의 목표나 정답을 제시하는 기준으로 사용되지 않는다. K-ESG는 '무엇을 해야 하는가'를 새롭게 정의하기 위한 규범이라기보다, 이미 조직이 수행하고 있는 경영 활동이 ESG 관점에서 어떤 판단 구조 위에 놓여 있는지를 점검하기 위한 진단 틀로 기능한다. 다시 말해 K-ESG는 이 책에서 평가의 대상이 아니라, ISO 경영시스템이라는 관리 구조 위에서 ESG 요구사항을 해석하고 재배치하기 위한 분석 도구로 활용된다. 이러한 관점에서 K-ESG 진단항목은 개별 항목의 충족 여부보다, 해당 항목이 경영시스템의 어느 단계에서 어떤 방식으로 관리되고 있는지를 이해하기 위한 출발점으로 다루어진다.

K-ESG 가이드라인은 흔히 한국형 ESG 평가 기준으로 소개되지만, 그 구조를 면밀히 살펴보면 단순한 평가표를 넘어서는 성격을 지닌다. K-ESG는 ESG를 개별 활동이나 성과 목록으로 분해하지 않고, 조직의 경영 판단과 운영 구조 안에 어떻게 편입되어 있는지를 진단하도록 설계되어 있다. 이 점에서 K-ESG는 ESG를 별도의 관리 영역으로 추가한 체계가 아니라, 기존 경영시스템의 언어로 재구성한 진단 프레임에 가깝다.

K-ESG가 전제로 삼고 있는 여섯 가지 가치 원칙(투명성, 책임성,

지속가능성, 공정성, 인권 존중, 환경 보호)은 선언적 윤리 기준을 나열한 것이 아니다. 이 원칙들은 개별 ESG 활동의 우수성을 평가하기 위한 기준이 아니라, 기업이 경영 과정에서 어떤 요소를 판단의 전제조건으로 수용하고 있는지를 확인하기 위한 구조적 기준에 가깝다. 다시 말해 K-ESG는 기업이 '무엇을 잘하고 있는가'를 점수화하기보다, '어떤 이슈를 경영 판단에서 구조적으로 배제하지 않기로 선택했는가'를 묻는다. 이러한 질문 방식은 ESG를 결과 중심의 평가 대상이 아니라, 경영시스템 안에서 반복적으로 판단되어야 할 관리 대상으로 전환하려는 접근이며, 이는 ISO 경영시스템이 요구하는 사고 구조와 본질적으로 동일하다.

K-ESG 진단항목의 배열을 ISO Annex SL 구조와 비교하면 이러한 유사성은 더욱 분명해진다. 정보공시(P) 영역은 방침과 책임, 성과 검증이라는 관리 구조를 전제로 하며, 환경(E)과 사회(S) 영역은 목표 설정, 운영 통제, 리스크 관리, 성과 측정을 중심으로 구성되어 있다. 지배구조(G) 영역은 의사결정 구조, 감독 체계, 책임 귀속이라는 경영시스템의 핵심 요소를 직접적으로 다룬다. 이는 ISO 경영시스템이 따르는 PDCA 사이클 기획(Plan), 실행(Do), 점검(Check), 개선(Act)과 구조적으로 대응된다.

이러한 점에서 K-ESG는 ESG를 PDCA 사이클 위에 올려놓기 위한 일종의 번역 장치라고 볼 수 있다. ESG 이슈를 환경, 사회, 지배구조라는 주제별로 나누되, 각 이슈가 목표 설정-운영 관리-성과평가-개선이라는 흐름 안에서 관리되고 있는지를 확인하도록 설계되어 있기 때문이다. 이는 결과 중심의 평가가 아니라 구조 중심의 진단이며, 개별 성과의 우수성보다 시스템의 작동 여부를 중시하는 접근이다.

특히 K-ESG가 강조하는 정보공시, 검증, 법·규제 위반 여부, 재발 방지 구조는 ISO 경영시스템에서 반복적으로 등장하는 핵심 요구사항과 맞닿아 있다. 예컨대 온실가스 배출량이나 인권 정책의 존재 자체는 중요한 평가 요소가 아니다. 중요한 것은 해당 항목이 목표로 설정되고, 측정되며, 검증되고, 문제 발생 시 개선으로 이어지는 구조 안에 포함되어 있는가이다. 이 점에서 K-ESG는 ESG를 도덕적 가치나 사회적 요구로 다루기보다, 경영시스템의 관리 대상이자 판단 기준으로 재정의하고 있다.

따라서 K-ESG를 ISO 경영시스템과 분리된 별도의 평가 제도로 이해하는 것은 구조적 오해에 가깝다. K-ESG는 새로운 경영시스템을 요구하는 것이 아니라, 이미 존재하는 경영시스템이 ESG 영역까지 확장되어 작동하고 있는지를 확인하는 진단 틀이다. ISO 경영시스템이 전제되지 않은 상태에서 K-ESG를 적용하려 할 경우, ESG는 필연적으로 서류 중심의 평가 대응이나 단기적 성과 관리로 축소될 수밖에 없다.

이 책에서 K-ESG를 ISO 경영시스템의 연장선에서 다루는 이유도 여기에 있다. K-ESG는 ISO 경영시스템을 대체하는 기준이 아니라, 그 구조적 논리를 ESG 영역에 적용한 결과물이다. 이 구조를 이해할 때 비로소 ESG는 평가 대응을 넘어, 조직의 경영 판단과 운영 방식 속에서 지속적으로 작동하는 시스템으로 자리 잡을 수 있다.

영역	범주	분류번호	진단항목
정보공시(P) (5개 문항)	정보공시 형식	P-1-1	ESG 정보공시 방식
		P-1-2	ESG 정보공시 주기
		P-1-3	ESG 정보공시 범위
	정보공시 내용	P-2-1	ESG 핵심이슈 및 KPI
	정보공시 검증	P-3-1	ESG 정보공시 검증
환경(E) (25개 문항)	환경경영 목표	E-1-1	환경경영 목표 수립
		E-1-2	환경경영 추진체계
	원부자재	E-2-1	원부자재 사용량
		E-2-2	재생 원부자재 비율
	온실가스	E-3-1	온실가스 배출량 (Scope1 & Scope2)
		E-3-2	온실가스 배출량 (Scope3)
		E-3-3	온실가스 배출량 검증
	에너지	E-4-1	에너지 사용량
		E-4-2	재생에너지 사용 비율
	용수	E-5-1	용수 사용량
		E-5-2	재사용 용수 비율
	폐기물	E-6-1	폐기물 배출량
		E-6-2	폐기물 재활용 비율
	오염물질	E-7-1	대기오염물질 배출량
		E-7-2	수질오염물질 배출량
	환경 법/규제 위반	E-8-1	환경 법/규제 위반
	환경 라벨링	E-9-1	친환경 인증 제품 및 서비스 비율

환경(E)	기후변화대응	E-10-1	기후변화 거버넌스
		E-10-2	기후변화 중장기 리스크 식별
		E-10-3	기후변화 물리 리스크 및 대응 방안
		E-10-4	기후변화 전환 리스크 및 대응 방안
		E-10-5	온실가스 배출량 감축 선언
	생물다양성	E-11-1	자연자본 식별
		E-11-2	생물다양성 보존 전략
		E-11-3	산림보호 활동
사회(S) (22개 문항)	목표	S-1-1	목표 수립 및 공시
	노동	S-2-1	신규 채용 및 고용 유지
		S-2-2	정규직 비율
		S-2-3	차별적 이직률
		S-2-4	교육훈련비
		S-2-5	복리후생비
		S-2-6	결식아동 지원
	다양성 및 양성평등	S-3-1	여성 구성원 비율
		S-3-2	여성 급여 비율(평균 급여 대비)
		S-3-3	장애인 고용률
	산업안전	S-4-1	안전보건 추진체계
		S-4-2	산업재해율
	인권	S-5-1	인권정책 수립
		S-5-2	인권 리스크 평가
	동반성장	S-6-1	협력사 ESG 경영
		S-6-2	협력사 ESG 지원
		S-6-3	협력사 ESG 협약사항

1.4 K-ESG와 ISO 경영시스템의 구조적 결합

사회(S)	지역사회	S-7-1	전략적 사회공헌
		S-7-2	구성원 봉사참여
	정보보호	S-8-1	정보보호 시스템 구축
		S-8-2	개인정보 침해 및 규제
	사회 법/규제 위반	S-9-1	사회 법/규제 위반
지배구조(G) (17개 문항)	이사회 구성	G-1-1	이사회 내 ESG 안전성
		G-1-2	사외이사 비율
		G-1-3	대표이사 이사회 의장 분리
		G-1-4	이사회 성별 다양성
		G-1-5	사외이사의 전문성
	이사회 활동	G-2-1	전체 이사회 출석률
		G-2-2	사내이사 출석률
		G-2-3	이사회 산하 위원회
		G-2-4	이사회 안전 체계
	주주권리	G-3-1	주주총회 소집 공고
		G-3-2	주주총회 집중일 이외 개최
		G-3-3	집중/전자/서면 투표제
		G-3-4	배당정책 및 이행
	윤리경영	G-4-1	윤리경영방침 공시
	감사기구	G-5-1	내부감사부서 설치
		G-5-2	감사기구 전문성 (감사기구 내 회계/재무 전문가)
	지배구조 법/ 규제 위반	G-6-1	지배구조 법/규제 위반

이 표는 이후 장에서 개별 항목을 ISO 각 조항에 연결해 해석하는 기준점으로 반복적으로 참조된다.

[ESG와 ISO의 구조적 공통성]

앞선 절에서는 K-ESG 가이드라인을 중심으로, ESG 요구사항이 ISO 경영시스템의 구조 위에서 어떻게 재구성되어 있는지를 살펴보았다. 이 절에서는 특정 제도나 가이드라인을 넘어, ESG와 ISO 경영시스템이 왜 구조적으로 결합될 수밖에 없는지에 대해 보다 일반적인 관점에서 정리하였다. 다시 말해, 1.4가 K-ESG라는 구체적 제도의 구조적 성격을 해석하는 데 목적이 있었다면, 1.5는 ESG와 ISO의 관계를 '내용과 관리'라는 개념적 틀로 정식화하는 데 초점을 둔다.

ESG를 What의 관점에서 이해한다면, ISO 경영시스템은 How의 관점에서 이해할 수 있다. ESG는 환경·사회·지배구조와 관련된 비재무적 요소를 중심으로, 기업이 어떤 가치와 책임을 고려해야 하는지를 제시하는 개념 체계라 할 수 있다. 반면 ISO 경영시스템은 이러한 가치와 책임이 일회적 선언이나 단발성 활동에 그치지 않고, 조직의 경영 활동 전반에서 지속적으로 구현될 수 있도록 운영하는 관리체계에 해당한다. 이러한 의미에서 ISO 경영시스템이 부재한 ESG 경영은 장기적인 경영성과로 연결되기보다는 단기 대응이나 캠페인 수준에 머무를 가능성이 크다.

현재 활용되고 있는 다양한 ESG 공시 기준과 가이드라인에서 요구하는 항목들은 단순히 E, S, G라는 개별 영역의 나열이 아니다. 이들 항목은 조직의 전략, 의사결정 구조, 운영 방식 전반에 영향을 미치는 구조적 시스템 속에서 생산되는 정보들이다. 다시 말해, ESG 공시는 특정 부서나 담당자 개인이 만들어 낼 수 있는 정보의 집합이 아니라, 기업의 전 구성원이 각자의 역할 속에서 참여함으로써 비로소 생성될 수 있는 결과물이다. 이러한 점에서 ESG 정보는 본질적으로 전사적 참여와 협업을 전제로 한다.

ISO 경영시스템 역시 동일한 전제를 기반으로 설계되어 있다. ISO 경영시스템은 특정 담당자나 한 개 부서의 관리 도구가 아니라, 조직 전체의 경영 사이클을 관통하는 시스템이다. 각 부서와 프로세스가 유기적으로 연결되고, 그 상호작용 속에서 계획, 실행, 점검, 개선이 반복될 때 비로소 경영시스템은 의미를 갖는다. 따라서 ESG를 실질적으로 구현하기 위해서는 전사적인 경영시스템 언어가 필요하며, 그 언어로 가장 체계화된 틀이 바로 ISO 경영시스템이라 할 수 있다.

또한 ESG 경영과 ISO 경영시스템은 모두 단기적인 성과 관리가 아니라 중·장기적인 관점에서의 경영성과, 즉 지속적으로 축적되는 성과를 지향한다는 점에서 중요한 공통점을 가진다. 다수의 학술 연구에서는 ESG 경영이 단기 재무성과보다는 장기적인 기업가치와 경영성과에 긍정적인 영향을 미친다고 보고하고 있다. ISO 경영시스템 역시 도입 직후 즉각적인 성과를 기대하기보다는, 시스템이 조직 내에 정착되고 PDCA 사이클이 안정적으로 작동하는 과정 속에서 점진적으로 성과가 축적되는 구조를 전제로 한다.

이러한 공통점은 ESG와 ISO 경영시스템이 단순히 관리 기법이나 평가 도구를 넘어, 지속가능한 발전을 가능하게 하는 경영 프레임워크라는 점에서 만난다는 사실을 보여 준다. 여기서 지속가능한 발전이란 윤리적 선언이나 추상적 이상을 의미하는 것이 아니라, 조직이 환경·사회·지배구조와 관련된 변화와 불확실성 속에서도 경영성과를 지속적으로 창출할 수 있는 상태를 의미한다. ESG가 기업이 고려해야 할 가치와 책임의 범위를 제시한다면, ISO 경영시스템은 그러한 가치와 책임이 일관된 관리 구조 속에서 유지되고 개선될 수 있도록 하는 실행 체계를 제공한다. 이처럼 지속가능한 발전은 ESG와 ISO를 연결하는 구호가 아니라, 두 체계를 관통하는 구조적 목표로 이해할 수 있다.

이러한 구조적 공통성을 보다 명확히 정리하면, ESG와 ISO는 서로 다른 축 위에 놓여 있다고 볼 수 있다. ESG(E, S, G)는 기업이 다루어야 할 이슈와 내용을 분류하는 내용의 축에 해당하는 반면, ISO

경영시스템은 이러한 이슈들을 조직이 어떻게 관리하고 운영할 것인지를 규정하는 관리의 축에 해당한다. ESG 경영은 ISO 인증과 같이 특정 기준을 충족하여 인증을 획득하는 제도가 아니라, 기업이 어느 수준까지 ESG 요소를 고려하고 있는지를 스스로 공시하고 설명하는 체계이므로 결과 중심의 성격을 갖는다.

반면 ISO 경영시스템은 그러한 결과가 도출되기까지의 과정을 관리하는 시스템이다. 즉, ESG 공시가 기업의 현재 상태를 보여 주는 결과물이라면, ISO 경영시스템은 그 결과가 지속적으로 생산될 수 있도록 하는 관리 구조이자 운영 메커니즘이라 할 수 있다. 이러한 관점에서 볼 때, ESG와 ISO는 서로 대체 관계에 있는 개념이 아니라, 내용과 관리라는 서로 다른 차원의 구조를 통해 결합됨으로써 지속가능한 경영을 가능하게 하는 상호 보완적 체계라 할 수 있다.

이 책은 이러한 문제의식에 기반하여, K-ESG 가이드라인에서 제시하는 ESG 요구사항을 ISO 경영시스템의 구조 속에서 해석한다. 다시 말해, ESG라는 '무엇을 고려해야 하는가'의 문제를 ISO라는 '어떻게 관리할 것인가'의 구조로 풀어냄으로써, ESG 경영을 공시나 평가 차원이 아닌 실제 경영시스템의 문제로 다루고자 한다. 이러한 구조적 해석을 바탕으로, 다음 장부터는 ISO 경영시스템의 4항부터 10항까지의 흐름을 따라가며, 각 단계에서 ESG가 어떻게 판단·운영·평가·개선의 대상으로 내재화될 수 있는지를 구체적으로 살펴본다.

이 장의 핵심 정리

✓ ESG의 한계는 실행 의지의 부족이 아니라, 판단과 관리의 구조가 부재한 데서 발생한다.

✓ 평가와 공시 중심의 ESG 접근은 결과를 설명할 수는 있으나, 실행과 개선을 반복하는 구조를 제공하지는 않는다.

✓ ESG는 경영시스템 그 자체가 아니라, 경영시스템이 다루어야 할 관리 대상의 집합이다.

✓ ISO 경영시스템은 ESG를 선언이나 캠페인이 아니라, 반복 가능한 경영 판단의 영역으로 전환하는 구조를 제공한다.

✓ ISO 인증의 유무와 무관하게, 경영시스템이 실제로 작동하지 않을 경우 ESG는 형식화될 수밖에 없다.

제2장

조직상황: ESG의 경계를 결정하다

[조직상황과 ESG 경영의 출발점]

그렇다면 ESG는 조직 안에서 어디서 시작되는가?

조직상황은 ESG를 특정 부서의 추진 과제나 개별 프로그램의 출발점이 아니라, 조직이 처한 상황을 진단하는 단계에서 시작하도록 요구하는 단계이다. 이는 ESG를 실천하겠다는 선언이나 활동 계획을 먼저 수립하기보다, 조직이 놓인 환경과 조건을 객관적으로 이해하는 것이 선행되어야 함을 의미한다.

개인적인 목표를 설정할 때도 마찬가지다. "올해 10kg을 감량하겠다."라는 목표는 선언만으로는 실현 가능성을 판단하기 어렵다. 현재 체중은 얼마인지, 식단과 운동에 투자할 수 있는 시간과 비용은 어느 정도인지, 생활 패턴과 건강 상태는 어떠한지와 같은 현실 조건을 점검한 뒤에야 목표와 방법이 구체화된다. 기업 역시 단순히 "올해 100억 매출을 달성했으니 내년에는 120억을 목표로 하자.”와 같이 이전 실적의 연장선에서 기계적으로 목표를 설정하지 않는다. 환율과 금리, 공급망 변화, 경쟁 환경, 규제 강화 가능성, 내부 자원과 인력 여건 등 다양한 조건과 제약을 종합적으로 고려하여 목표를 수립하는 것이 일반적이다.

ISO 경영시스템이 채택하고 있는 PDCA 사이클 또한 이러한 사고를 전제로 한다. ‘계획(Plan)’ 단계는 곧바로 실행 계획을 수립하는 과정이 아니라, 조직이 무엇을 달성해야 하는지, 그리고 무엇이 그 목표 달성에 영향을 미치는지를 먼저 파악하는 단계이다. 조직상황 단계에서 요구하는 ‘조직의 상황’ 파악은 바로 이 지점에 해당하며, 조직과 관련된 외부 이슈와 내부 이슈를 체계적으로 식별하고 정의하도록 요구한다.

외부 이슈에는 국제적·국가적·지역적 환경 변화, 법과 규제, 기술 발전, 문화·사회적 기대, 경제 여건 등 조직의 성과와 지속가능성에 영향을 미치는 요인이 포함된다. 내부 이슈에는 조직이 보유한 자원과 역량, 조직문화, 인력 구조, 구성원 만족도와 이직률, 내부 프로세스의 성숙도 등 목표 설정과 실행 가능성을 좌우하는 요소들이 포함된다. 이러한 내·외부 이슈를 이해하는 과정은 ESG를 추상적인 가치나 선언이 아니라, 조직의 경영 현실과 직접 연결된 관리 과제로 인식하게 만드는 출발점이 된다.

특히 ESG 관점에서 조직상황 단계가 중요한 이유는, ESG가 단순한 ‘선한 활동’의 목록이 아니라 조직의 지속가능성과 장기 성과에 영향을 미치는 외부·내부 요인을 관리하는 문제이기 때문이다. 기후 위기, 인권 이슈, 데이터 유출, 공급망 문제와 같은 사건들은 더 이상 비재무적 영역에 머무르지 않고, 기업의 존립과 재무 성과에 직접적인 영향을 미치는 리스크로 인식되고 있다. 따라서 ESG를 조직에 내재화하려면, 먼저 조직이 직면한 맥락과 불확실성을 이해하는 단계가 필요하다.

산업혁명 이후 오랜 기간 동안 기업 경쟁의 핵심 기준은 비교적 단순했다. 제품과 서비스의 품질이 우수하고, 가격이 경쟁력 있는가가 시장에서의 성패를 좌우했다. 이 기준은 효율성과 규모의 경제를 중심으로 한 산업사회에서는 충분히 설득력을 가졌으며, 기업의 성과 또한 매출과 이익이라는 재무 지표를 중심으로 평가되었다.

그러나 ESG가 본격적으로 논의되기 시작한 이후, 이러한 평가 기준은 근본적인 변화를 맞이하게 된다. 오늘날 시장과 사회는 더 이상 결과로서의 제품과 서비스만을 평가하지 않는다. 그 제품과 서비스가 어떠한 과정에서 생산되었는지, 즉 환경적으로 얼마나 부담을 줄였는지, 사회적으로 얼마나 안전하고 공정한 노동과 거래 구조 위에서 만들어졌는지, 그리고 그 과정 전반이 얼마나 투명한 의사결정과 책임 구조 속에서 이루어졌는지를 함께 평가하기 시작했다.

이러한 변화는 기업에게 새로운 활동을 추가하라는 요구라기보다, 경영 판단의 기준 자체가 확장되었음을 의미한다. 이제 기업은 '무엇을 만들 것인가'뿐 아니라, '어떤 방식으로 만들고 제공할 것인가'를 함께 고려해야 하는 환경에 놓여 있다. 이는 환경(E), 사회(S), 지배구조(G)가 개별적인 관리 항목이 아니라, 조직이 처한 외부 환경과 이해관계자의 기대 변화 속에서 자연스럽게 도출된 판단 기준임을 보여 준다.

결국 ESG는 제품이나 서비스의 성능을 넘어, 조직이 어떠한 가치와 조건 위에서 경영 활동을 수행하고 있는지를 묻는 질문으로 작동한다. 이러한 질문에 답하기 위해서는 선언이나 활동 이전에, 조직이 직면한 환경 변화와 사회적 기대를 정확히 인식하는 것이 선행되어야 하며, 바로 이 지점에서 조직상황 단계는 ESG 경영의 출발점으로 기능하게 된다.

조직상황 단계가 ESG 경영의 출발점이라는 말은 추상적인 선언이 아니다.

경영시스템 관점에서 조직의 상황 파악은 하나의 질문으로 수렴된다. "우리는 무엇을 관리해야 하는 조직인가?"라는 질문이다.

ISO는 조직이 이 질문에 답하기 위해, 내·외부 환경을 단순히 나열하는 것이 아니라, 성과와 리스크에 영향을 미치는 요소를 식별하고, 그중 어떤 요소를 경영시스템 차원에서 관리 대상으로 삼을 것인지를 판단하도록 요구한다.

다시 말해 조직의 상황 파악은 정보 수집이나 환경 분석이 아니라, 관리 대상의 경계를 설정하는 판단 행위에 가깝다. 이 판단이 선행되지 않은 상태에서 이루어지는 ESG 선언이나 활동은, 방향성 없는 실행이나 외부 요구에 대한 반응 수준에 머무를 가능성이 높다.

[이해관계자 관점의 전환과 ESG 중대성]

조직의 상황을 파악하는 과정에서 조직상황 단계에서는 이해관계자의 관점을 함께 고려할 것을 요구한다. 이는 ESG 경영이 특정 이해관계자 집단만을 위한 활동이 아니라, 조직을 둘러싼 다양한 주체와의 관계 속에서 성립하는 경영 방식임을 전제로 하기 때문이다.

1997년 미국 주요 대기업 CEO들이 참여하는 비즈니스 라운드테이블(Business Roundtable, BRT)은 기업의 가장 중요한 목적을 주주가치의 극대화로 규정하였다. 그러나 20여 년이 지난 2019년, 같은 기구가 발표한 선언에서는 기업의 목적을 주주에 국한하지 않고 종업원, 고객, 공급업체, 지역사회 등 다양한 이해관계자를 포괄하는 방향으로 재정의하였다. 이는 기업 전략에서 이해관계자를 고려하지 않으면 장기적으로 지속가능한 성장을 달성하기 어렵다는 현실 인식이 확산되었음을 보여 준다. 오늘날에는 제품과 서비스의 품질이 우수하더라도, 이해관계자의 기대를 외면하거나 사회적 신뢰를 상실할 경우 시장과 고객으로부터 외면받아 기업의 존립 자체가 위협받는 사례가 빈번하게 나타나고 있다.

이러한 변화는 기업의 책임 범위를 둘러싼 이론적 논의에서도 확인된다. 1970년 밀턴 프리드먼은 기업의 사회적 책임을 이윤 극대화로 한정하며, 사회·환경 문제에 자원을 투입하는 것은 주주의 자산을 침해하는 행위라고 주장하였다. 이 관점은 오랫동안 기업 경영의 지배적 모델로 작동해 왔다. 그러나 기업 활동의 글로벌화로 공급망이 확대되고, 환경 오염과 노동 착취, 지역사회 갈등과 같은 문제가 기업의 실질적 비용과 손실로 전환되면서, 주주 중심 모델만으로는 기업이 직면하는 위험을 충분히 설명하기 어려워졌다.

프리드먼의 한계를 지적하며 1984년에 등장한 프리먼의 이해관계자 이론은, 기업 전략을 이해관계자와의 관계 조정 과정으로 재정의하였다. 그는 이해관계자를 기업의 목적 달성에 영향을 미치거나 영향을 받을 수 있는 모든 개인과 집단으로 정의하고, 기업은 이들의 요구와 기대를 전략적으로 관리해야 한다고 보았다. 오늘날 ESG 경영은 이러한 이해관계자 이론을 관리 체계와 공시 구조로 제도화한 프레임으로 이해할 수 있다. 기후 리스크, 인권 리스크, 공급망 리스크와 같은 ESG 이슈들은 모두 이해관계자와의 관계에서 발생하며, 이를 관리하지 않을 경우 기업의 장기 성과와 지속가능성에 중대한 영향을 미친다.

이러한 맥락에서 ESG 중대성은 단순히 '중요해 보이는 이슈를 나열하는 과정'이 아니다. 중대성이란 조직의 상황과 이해관계자의 요구를 기준으로, 경영시스템 차원에서 관리해야 할 ESG 이슈를 선별하는 판단 행위이다. 다시 말해, 중대성은 ESG의 가치를 선언하는 단계가 아니라, 이후 경영시스템에서 무엇을 관리 대상으로 삼을 것인지를 결정하는 기준이 된다.

[ESG 중대성 판단과 경영시스템 적용 범위 설정]

조직의 내·외부 환경과 이해관계자의 요구를 파악하는 목적은 단순한 정보 수집에 있지 않다. 조직상황 단계에서 궁극적으로 요구하는 것은, 이러한 상황 인식을 바탕으로 무엇을 관리 대상으로 삼을 것인가를 결정하는 것, 다시 말해 경영시스템의 초점을 명확히 설정하는 데 있다. ESG 경영에서 이 결정 행위가 바로 중대성 판단이다.

ESG 이슈는 본질적으로 광범위하다. 기후변화, 자원 고갈, 인권, 안전, 노동, 다양성, 공급망, 정보보호, 지배구조 등 조직이 고려해야 할 이슈는 거의 무한에 가깝다. 그러나 어떤 조직도 모든 ESG 이슈를 동일한 수준으로 관리할 수는 없다. 경영자원은 항상 제한되어 있으며, 선택 없는 관리는 결국 형식적인 대응으로 전락하기 쉽다.

기업은 본질적으로 이윤을 창출하기 위해 존재하는 조직이며, 동시에 인력·자본·시간과 같은 경영자원이 항상 한정되어 있다는 제약 조건 아래에서 운영된다. 이러한 현실을 고려할 때, 모든 ESG 이슈에 동일한 수준의 관심과 자원을 투입하는 것은 현실적으로 불가능할 뿐 아니라, 경우에 따라서는 오히려 경영성과를 저해하는 결과로 이어질 수 있다. 문제는 ESG에 투자하느냐 하지 않느냐가 아니라, 어떤 ESG 이슈에, 어느 수준까지 자원을 배분할 것인가에 대한 경영 판단이다.

조직의 상황을 충분히 고려하지 않은 채 외부 요구나 유행에 따라 ESG 활동을 확장할 경우, ESG는 전략적 관리 대상이 아니라 비용 항목으로 인식되기 쉽다. 이러한 접근은 ESG 경영의 본래 취지인 지속가능한 성과 창출과도 부합하지 않는다. 바로 이러한 이유로 조직 상황 단계는 ESG 경영의 출발점에서 조직이 직면한 환경과 제약 조건을 객관적으로 인식하고, 제한된 자원을 어디에 우선적으로 투입할 것인지를 판단하도록 요구한다.

ISO 경영시스템 관점에서 중대성이 중요한 이유는, 이후 기획 단계, 운영 단계, 성과평가 단계의 기준점이 되기 때문이다. 중대성이 명확히 정의되지 않으면 리스크 식별과 목표 설정은 추상화되고, 성과지표는 나열식 관리로 흐르며, 공시는 실제 운영과 괴리된 결과 보고로 전락할 가능성이 높다. 반대로 조직의 상황과 이해관계자 요구를 바탕으로 중대성이 명확히 판단되면, ESG는 선언적 가치가 아니라 관리 가능한 경영 과제로 전환된다.

중대성 판단과 함께 조직상황 단계에서 실행해야 할 또 하나의 핵

제2장 조직상황: ESG의 경계를 결정하다

심 요소는 경영시스템의 적용 범위 설정이다. 적용 범위는 조직이 ESG에 대해 어디까지 책임질 것인지를 명확히 규정하는 행위로, ESG 경영의 책임 경계를 설정하는 단계라 할 수 있다. 이는 단순히 공시 대상 범위를 정하는 문제가 아니라, 실제로 어떤 조직 단위, 사업장, 활동, 그리고 이해관계자까지를 관리 대상으로 포함할 것인지에 대한 경영적 결정이다.

실제로 많은 조직에서 ESG 경영이 형식화되는 원인은, 중대성 판단보다 적용 범위 설정이 모호한 경우에 있다. 본사 차원의 ESG 방침과 공시 문서는 존재하지만, 어떤 사업장과 어떤 활동이 실제 관리 대상에 포함되는지는 명확하지 않은 상태가 반복된다. 이 경우 ESG는 선언과 문서 수준에서는 존재하지만, 운영과 책임 구조에서는 공백이 발생하게 된다.

조직상황 단계에서 경영시스템의 적용 범위를 요구하는 이유는 여기에 있다. 적용 범위는 단순히 공시 대상이나 인증 범위를 정하는 문제가 아니라, 조직이 어디까지를 책임의 영역으로 설정하는가를 명확히 하는 경영 판단이다. 이 범위가 명확히 설정될 때에만 리더십의 책임(ISO 5항), 리스크와 목표의 설계(ISO 6항), 운영 통제(ISO 8항), 성과평가와 개선(ISO 9~10항)이 하나의 일관된 시스템으로 연결될 수 있다.

적용 범위가 불명확한 경우, ESG 경영은 쉽게 실행과 책임의 공백을 낳는다. 본사 차원의 선언은 존재하지만 현장 운영으로 이어지지 않거나, 공시 문서는 존재하지만 실제 관리 체계는 부재한 상태가 발생하기 쉽다. 반대로 조직의 상황과 중대성 판단을 기반으로 적용 범위를 명확히 설정하면, 이후 리더십의 책임 범위(ISO 5항), 리스크와 목표의 설계(ISO 6항), 지원과 운영 체계(ISO 7~8항), 성과평가와 개선(ISO 9~10항)이 하나의 일관된 시스템으로 연결될 수 있다.

결국 조직상황 단계에서의 중대성 판단과 적용 범위 설정은 ESG 경영의 출발점이자 경영시스템 전체를 관통하는 전제 조건이라 할 수 있다. ESG를 무엇을 할 것인가의 문제가 아니라, 무엇을 관리할 것인가, 그리고 어디까지 책임질 것인가의 문제로 전환시키는 이 단계가 명확히 이루어질 때, ESG는 평가 항목을 넘어 조직의 지속가능성을 실제로 뒷받침하는 경영시스템으로 기능하게 된다.

ESG를 '성과 관리의 대상'이 아니라
'경영시스템의 책임 범위'로 확정하다

조직상황 단계에서 요구하는 조직의 상황 파악은 ESG 이슈를 폭넓게 식별하거나 외부 환경을 분석하는 단계가 아니다. 이 단계의 핵심은 ESG를 '잘할 것인가'의 문제가 아니라, '무엇을 관리 대상으로 포함시킬 것인가'의 문제로 전환하는 데 있다. 다시 말해 조직상황 단계는 ESG 성과를 논의하기에 앞서, 조직이 어떤 이슈를 경영시스템 차원의 책임 영역으로 인정할 것인지, 그리고 그 경계가 어디까지인지를 먼저 결정하도록 한다.

이 단계에서의 결정은 이후 단계에서 수정·보완될 수 있는 선택이 아니라, 경영시스템 전반의 적용 범위를 규정하는 선행 조건에 해당한다.

이 단계를 실행하지 않으면 ESG는 필연적으로 선언이나 활동 목록으로 흘러간다. 공시 항목은 늘어나지만 관리 책임은 불분명해지고, 성과지표는 존재하지만 그 지표가 어디까지를 조직의 의무로 전제하는지는 설명되지 않는다. 조직상황 단계는 바로 이 혼선을 차단하기 위해 존재한다. ESG를 다룬다는 것은 곧 경영시스템의 적용 범위를 설정하는 행위이며, 이 범위 설정 없이는 이후의 리더십, 기획, 운영, 성과평가 논의는 구조적 근거를 상실한다.

즉, 조직상황 단계는 ESG를 '무엇을 할 것인가'의 논의가 시작되기 전에, '무엇을 책임질 것인가'를 먼저 확정하도록 요구한다.

이 관점에서 ESG의 정보공시 범위(P-1-3)는 단순한 공시 설계 문제가 아니다. 이는 조직이 어떤 ESG 이슈를 공식적인 관리 대상이자 책임 영역으로 선언했는지를 드러내는 경계 설정 행위다. 자연자본 식별(E-11-1)과 온실가스 배출량 Scope 3(E-3-2) 역시 환경 성과를 측정하기 위한 기술적 항목이 아니라, 조직이 내부 활동을 넘어 공급망과 가치사슬 전반을 경영시스템의 관리 범위로 포함시킬 것인지를 판단하게 만드는 구조적 질문이다. 협력사 ESG 경영(S-6-1)이 조직상황 단계에 연결되는 이유도 여기에 있다. 이는 실행 수단의 문제가 아니라, 조직이 어디까지를 '우리의 ESG 책임'으로 규정할 것인지에 대한 시스템 차원의 결정이기 때문이다.

따라서 이들 항목은 공시·환경·공급망이라는 서로 다른 영역에 속해 있는 것처럼 보이지만, 조직상황 단계에서는 모두 '관리 범위 설정'이라는 하나의 구조적 기능으로 수렴된다.

많은 경우 Scope 3나 협력사 이슈는 운영 단계나 성과지표의 문제로 오해된다. 그러나 이러한 접근은 조직상황 단계가 던지는 질문을 회피한 결과다. 관리 범위가 정의되지 않은 상태에서의 실행과 측정은, 책임 없는 활동과 검증 불가능한 성과를 양산할 뿐이다. 이 단계는 이러한 오류를 사전에 차단하며, ESG를 선택적 활동이 아니라 조직이 스스로 설정한 관리 의무의 총합으로 고정한다.

이 점에서 조직상황 단계는 ESG 경영의 출발점이라기보다, ESG를 경영시스템의 문제로 다루기 시작하는 최소 요건에 가깝다.

따라서 이 장에서의 K-ESG 연결은 개별 항목을 설명하거나 성과를 정리하는 데 있지 않다. 조직상황 단계는 ESG를 경영시스템 안으로 편입시키는 첫 번째 관문이며, 이 관문에서 설정된 관리 범위와 책임 구조가 이후 리더십 단계부터 개선 단계까지의 모든 논의를 규정한다. ESG는 여기서부터 선언이 아닌 시스템의 전제 조건이 된다.

이 관점이 흔들릴 경우, 이후 모든 ISO 경영시스템 단계에서의 ESG 논의는 일관된 구조를 갖기 어렵다.

이 장의 핵심 정리

✓ 조직상황 단계는 ESG 경영의 출발점이 '활동'이 아니라 '판단'임을 규정하는 단계다.

✓ 조직의 상황, 이해관계자, 중대성 판단, 적용 범위가 형식적으로 수행될 경우 ESG는 선언과 공시 중심으로 전락한다.

✓ ESG는 무엇을 더 할 것인가의 문제가 아니라, 무엇을 경영 판단에서 배제하지 않을 것인가의 문제로 다루어져야 한다.

✓ 이 판단 구조가 고정되어야만 이후의 리더십, 기획, 실행이 일관성을 가질 수 있다.

MEMO

제3장

리더십:

ESG는 경영자의 책임이다

[ESG 리더십과 책임 구조의 전환]

ESG 경영은 실행의 문제가 아니라 책임 구조의 문제에서 출발한다. 환경 보호 활동이나 사회 공헌 프로그램을 도입하는 것만으로 ESG 경영이 이루어지지는 않는다. ESG의 핵심은 조직이 장기적인 관점에서 어떤 가치를 추구하며, 그 가치에 대해 누가 책임을 지는가에 있다. 다시 말해 ESG는 활동 이전에, 그리고 성과 이전에 책임 주체를 명확히 하는 문제로 귀결된다.

ISO 경영시스템에서 리더십 단계가 독립된 단계로 구성되어 있는 이유도 여기에 있다. 조직이 무엇을 중요하게 여기고, 어떤 기준으로 의사결정을 하며, 제한된 자원을 어디에 배분할 것인지는 개별 실무자나 특정 부서의 판단으로 결정되지 않는다. 이러한 판단은 궁극적으로 최고경영자와 이사회가 책임져야 할 경영 판단의 영역이다.

따라서 ESG가 조직의 경영시스템 안에서 작동하기 위해서는, 먼저 ESG에 대한 책임이 최고 의사결정 구조에 귀속되어야 한다.

리더십 단계에서 말하는 리더십은 일반적으로 이해되는 개인적 자질이나 카리스마의 문제가 아니다. 사회적 관계를 형성하고 구성원이 조직의 목표와 기준에 따라 행동하도록 유도하는 역량, 관리적 역량이나 상호작용 기술은 리더십의 한 측면일 수 있으나, ISO 경영시스템이 전제하는 리더십은 그러한 특성을 넘어선다. 리더십 단계에서 강조하는 리더십은 경영시스템 전반에 대한 책임 주체로서의 리더십, 즉 시스템이 의도한 성과를 달성하도록 보장해야 할 책임자의 역할이다.

ISO 경영시스템은 최고경영자에게 경영시스템의 방향을 설정하고, 방침을 수립하며, 필요한 자원이 제공되도록 보장하고, 시스템의 성과에 대해 책임질 것을 요구한다. 이러한 요구사항은 ESG 경영과 직접적으로 연결된다. ESG는 단기적인 비용이나 성과의 문제가 아니라, 기후변화, 인권, 안전, 윤리와 같이 중·장기적으로 조직의 지속가능성과 성과에 영향을 미치는 이슈를 다루기 때문이다. 이러한 이슈를 경영 의사결정의 중심에 두기 위해서는, 최고경영자가 ESG를 부차적 활동이 아니라 경영시스템의 핵심 요소로 인식하고 책임져야 한다.

특히 조직상황 단계를 통해 ESG 중대성이 판단되고 관리 범위가 설정되었다면, 그다음 문제는 자연스럽게 '선택의 책임'으로 이어진다. 제한된 자원 속에서 어떤 ESG 이슈를 우선 관리할 것인지, 그리고 그 선택이 가져올 결과에 대해 누가 책임질 것인가는 경영자의 판단 영역이다. ESG 경영은 모든 이슈를 동시에 해결하겠다는 선언이 아니라, 불확실성과 제약 조건 속에서 이루어진 선택의 결과를 책임지는 경영 행위에 가깝다. 이러한 선택과 책임은 구조적으로 최고경영자와 이사회 수준에서만 성립할 수 있으며, 리더십 단계는 바로 이 책임 구조를 경영시스템의 중심에 고정시키는 역할을 한다.

과거의 기업 경영에서 책임의 중심은 주로 제품과 서비스의 성능, 품질, 가격에 있었다. 기업이 시장에서 경쟁력을 갖추기 위해서는 얼마나 좋은 제품을, 얼마나 효율적으로, 얼마나 저렴하게 공급할 수 있는지가 핵심 판단 기준이었고, 이러한 판단은 상당 부분 현장과 기능 조직 차원에서 이루어질 수 있었다. 그러나 ESG 경영이 요구하는 책임의 범위는 이와 같은 전통적 경영 판단의 경계를 명확히 넘어선다. 이제 기업은 무엇을 생산하는가뿐만 아니라, 그 제품과 서비스가 어떠한 과정과 조건 속에서 생산되고 있는지까지 함께 설명하고 책임져야 하는 환경에 놓여 있다.

이러한 변화는 ESG를 개별 부서의 실행 과제나 특정 기능 조직의 관리 항목으로 취급하기 어렵게 만든다. 환경 영향, 인권 리스크, 안전 문제, 지배구조의 투명성은 어느 한 부서의 노력만으로 통제될 수 있는 영역이 아니며, 대부분 자원 배분, 우선순위 설정, 위험 감수 수준과 같은 경영 전반의 판단과 직결된다. 즉, ESG는 실행 이전에 이미 '판단의 문제'로서 최고경영자의 의사결정을 요구하는 영역으로 이동하였다.

ISO 경영시스템 리더십 단계가 리더십을 독립된 단계로 강조하는 이유도 바로 여기에 있다. 리더십 단계에서 말하는 리더십은 ESG 활동을 독려하거나 선언을 발표하는 상징적 역할에 머무르지 않는다. 오히려 조직이 책임져야 할 판단의 범위를 어디까지로 설정할 것인지, 그리고 그 판단에 대해 누가 최종 책임을 질 것인지를 명확히 하는 구조적 역할에 가깝다. ESG가 제품의 성능과 가격을 넘어 생산 과정, 공급망, 조직문화와 의사결정 구조까지 포괄하게 되면서, 이러한 판단은 더 이상 현장이나 실무자의 재량에만 맡길 수 없는 경영자 책임의 영역이 된다.

따라서 리더십 단계에서 요구하는 최고경영자의 리더십은 ESG를 '해야 할 일'의 목록으로 관리하는 것이 아니라, 조직이 감당해야 할 책임의 범위를 공식적으로 승인하고, 그 책임이 경영 판단의 기준으로 일관되게 유지되도록 하는 데 있다. 이 단계에서 리더십이 명확히 작동하지 않을 경우, ESG는 선언과 실행 사이에서 단절되거나, 부서별 해석에 따라 서로 다른 기준으로 적용되는 위험에 직면하게 된다.

이러한 관점에서 리더십 단계는 ESG 경영의 출발점이라기보다, 조직이 확장된 책임을 감당할 준비가 되어 있는지를 가르는 분기점에 해당한다. 그리고 바로 이 지점에서 확정된 경영자의 판단과 책임 구조는, 이후 기획 단계에서 리스크와 목표로 구체화되고, 지원과 운영 단계를 통해 조직 전반에 반복 가능하게 내재화되는 토대가 된다.

3.1 ESG 리더십과 책임 구조의 전환

[ESG 방침과 자원 배분의 경영 의사결정 구조]

리더십 단계는 최고경영자가 이러한 책임의 범위를 조직의 방침과 자원 배분 구조로 구체화할 것을 요구한다. 이때 방침은 단순한 선언문이나 홍보 문구가 아니다. 방침은 조직의 모든 의사결정과 행동의 기준이 되는 상위 원칙이다. 환경·인권·안전과 관련된 방침이 명확히 수립되지 않거나 형식적으로만 존재한다면, 조직은 실제 의사결정 상황에서 단기 성과나 비용 논리에 의해 판단을 내리게 된다.

반대로 ESG가 반영된 방침이 명확히 수립되고 조직 구성원에게 공유된다면, 구성원들은 일상적인 의사결정 과정에서 무엇이 허용되고 무엇이 허용되지 않는지를 판단할 수 있는 기준을 갖게 된다. 즉, ESG 방침은 개별 활동을 지시하는 수단이 아니라, 조직 전체의 판단 기준을 정렬하는 장치다. 이러한 기준을 설정할 수 있는 주체는 실무자가 아니라 최고경영자이며, 이것이 리더십 단계에서 리더십을 강조하는 핵심 이유다.

ESG 경영이 현장에서 제대로 실행되지 않는 원인은 종종 '의지 부족'으로 설명되지만, 실제로는 자원 배분 구조가 ESG와 연결되어 있지 않기 때문인 경우가 많다. 리더십 단계는 최고경영자가 경영시스템에 필요한 자원의 가용성을 보장할 것을 요구한다. 이는 ESG 경영 역시 인력, 예산, 시간, 정보 시스템, 교육 등 실질적인 자원 배분의 대상이 되어야 함을 의미한다.

리더십 단계가 리더십을 강조하는 방식에서 주목할 점은, 리더십을 문서나 선언의 문제가 아니라 행동과 참여의 문제로 정의하고 있다는 점이다. ISO 경영시스템은 최고경영자가 단순히 방침을 승인하는 '책임자'에 머무르지 않고, 경영시스템의 성과를 만들어 내는 시스템의 주체로 행동할 것을 요구한다. 이는 ESG 경영에서도 그대로 적용된다. ESG 방침이 수립되어 있더라도, 최고경영자가 실제 의사결정 과정에 참여하지 않거나, 목표 달성 과정을 점검하지 않으며, 구성원과의 의사소통에 관여하지 않는다면 그 방침은 시스템 안에서 작동하지 않는다.

특히 ISO 경영시스템은 리더십의 실질적 작동 조건으로 역할·책임·권한의 명확화와 구성원의 참여를 강조한다. ESG 이슈는 환경, 인권, 안전, 윤리 등 다양한 영역을 포괄하며, 어느 한 부서의 노력만으로 관리될 수 없다. 이 때문에 최고경영자는 ESG 관련 책임과 권한이 조직 내에서 어떻게 분산·위임되고 있는지를 명확히 정의하고,

그 구조가 실제로 인식되고 있는지를 확인해야 한다. 역할이 불분명한 상태에서는 ESG는 '해야 할 일'로만 남고, 책임지는 주체는 사라지기 쉽다.

또한 리더십 단계에서는 의사소통과 참여를 핵심 요소로 다룬다. 이는 ESG가 단순히 상향식 보고나 하향식 지시로 운영될 수 없다는 현실을 반영한다. 환경 리스크, 안전 문제, 인권 이슈는 현장에서 먼저 징후가 나타나는 경우가 많으며, 이러한 신호가 경영 의사결정 구조 안으로 유입되지 못할 경우 ESG는 사후 대응의 영역으로 전락한다. 최고경영자가 의사소통 구조에 관여하고 참여를 촉진할 때에만, ESG는 조직 전반에서 공유되는 판단 기준으로 기능할 수 있다.

이러한 관점에서 리더십 단계에서 요구되는 리더십은 ESG를 추진하겠다는 의지를 표명하는 것이 아니라, ESG가 의사결정의 기준으로 실제 작동하도록 구조를 만들고 그 작동을 책임지는 역할에 가깝다. 방침이 전략과 단절되지 않도록 연결하고, 자원이 실제로 배분되며, 책임과 권한이 명확히 인식되고, 구성원의 참여가 촉진되는 구조를 만들어 내는 것, 바로 이 지점에서 리더십은 선언이 아니라 성과의 전제 조건으로 작동하게 된다.

또한, 최고경영자가 ESG에 대한 이해와 전문성을 갖추지 못한 상태에서는, ESG 관련 활동은 항상 우선순위에서 밀리게 된다. 그 결과 ESG는 일부 담당자의 업무로 한정되고, 경영시스템 전반에 내재화되지 못한다. ISO 경영시스템이 ESG를 최고경영자의 책임으로 규정하는 이유는, ESG를 선언이나 의지의 문제가 아니라 경영 자원을 어떻게 배분할 것인가의 문제로 다루기 위함이다.

결국 ESG 방침과 자원 배분이 연결되어 있다는 것은, ESG가 개별 사업이나 캠페인의 판단 기준이 아니라 조직의 경영 의사결정 구조 안에 포함되어 있다는 것을 의미한다. 예산 편성, 투자 우선순위 설정, 인력 배치, 성과평가와 같은 핵심 의사결정 과정에서 ESG 요소가 고려되지 않는다면, 방침은 존재하더라도 실제 경영 행위와는 분리된 상태에 머물게 된다.

반대로 ESG 방침이 자원 배분의 기준으로 작동하는 조직에서는, 단기 성과나 비용 효율성만으로 의사결정을 내리기보다 중·장기 리스크와 지속가능성 관점이 함께 검토된다. 이러한 구조는 ESG를 별도의 실행 과제가 아니라, 조직의 의사결정 방식 자체를 규정하는 요소로 전환시킨다. 리더십 단계에서 이 방침과 자원 가용성을 함께 요구하는 이유는, ESG가 실제로 경영에 내재화되었는지를 판단하는 핵심 기준이 바로 이 지점에 있기 때문이다.

3.2 ESG 방침과 자원 배분의 경영 의사결정 구조

[ESG 책임의 귀결과 이사회·지배구조의 역할]

리더십 단계에서의 리더십 논의는 최고경영자 개인에 국한되지 않는다. ESG의 최종 책임은 이사회와 지배구조 수준으로 확장된다. 투자, 배당, 대규모 사업 결정, 리스크 수용 여부와 같은 핵심 경영 판단은 이사회를 통해 이루어지며, 이 과정에서 ESG 요소가 고려되지 않는다면 ESG 경영은 구조적으로 작동하기 어렵다.

이러한 맥락에서 ESG의 G(지배구조)는 환경(E)과 사회(S)를 떠받치는 기반 역할을 한다. 이사회 구조와 역할, 책임과 권한의 명확화, 그리고 책임 있는 의사결정과 배당정책은 ESG를 단순한 평가 항목이 아니라 경영 판단의 기준으로 작동하게 만드는 핵심 요소이다. 이사회 차원의 책임이 명확하지 않은 조직에서 ESG는 필연적으로 실행 주체와 판단 주체가 분리된다. 실무 부서는 ESG 보고서와 지표

관리를 담당하지만, 투자 결정이나 사업 구조 조정, 리스크 수용 여부와 같은 핵심 경영 판단에는 ESG 요소가 반영되지 않는 구조가 반복된다. 이 경우 ESG는 경영 판단을 제약하는 기준이 아니라, 사후적으로 설명해야 할 부가 정보로 취급되며, 성과가 부진할수록 우선순위에서 밀려나기 쉽다.

반대로 이사회가 ESG를 의사결정의 전제 조건으로 인식할 경우, ESG는 개별 활동의 문제가 아니라 판단의 기준으로 작동한다. 대규모 투자, 신규 사업 진출, 배당 정책, 리스크 수용 범위를 논의하는 과정에서 ESG 요소가 함께 검토되면, ESG는 별도의 관리 대상이 아니라 기존 경영 판단 구조 안에 자연스럽게 통합된다. 이러한 통합은 개인의 의지나 조직문화에 의존해서는 유지될 수 없으며, 리더십 단계는 바로 이 책임 구조를 제도적으로 고정시키는 역할을 한다.

리더십 단계는 이러한 책임 구조를 제도적으로 명확히 하여, ESG가 캠페인이나 이미지 관리 수준에 머무르지 않고 경영시스템의 일부로 기능하도록 설계된 단계이다.

정리하면, 리더십 단계는 ESG를 실천하라고 요구하는 단계가 아니다. ESG에 대한 책임을 조직의 최고 의사결정 구조에 귀속시키는 단계이다. 이를 통해 ESG는 실무자의 과제가 아니라 최고경영자와 이사회의 경영책임으로 전환된다.

이러한 책임 구조가 명확히 설정된 이후에야, ESG는 리스크와 목표, 실행 우선순위로 구체화될 수 있다. 즉, 리더십 단계는 ESG를 '누가 책임지는가'의 문제로 정리한 뒤, 다음 단계인 기획 단계에서

'무엇을 어떻게 설계할 것인가'라는 질문으로 자연스럽게 이어지도록 하는 연결 고리의 역할을 수행한다.

ESG를 '의지의 표현'이 아니라
'조직의 판단 구조'로 고정하다

리더십 단계에서 요구하는 리더십은 ESG에 대한 관심이나 지지, 혹은 정책의 존재를 확인하는 단계가 아니다. 이 단계의 핵심은 ESG를 누가 판단하고, 어떤 지위에서 결정하며, 그 결정이 조직 안에서 어떻게 반복되는가를 구조적으로 고정하는 데 있다. 리더십 단계는 ESG를 개인의 의지나 경영자의 성향에서 분리하여, 조직의 공식적인 의사결정 체계 안으로 귀속시키는 역할을 한다.

즉, ESG를 '생각하는 가치'에서 '결정되어야 할 사안'으로 전환시키는 단계에 해당한다.

이 단계를 실행하지 않은 ESG는 이후 단계에서 구조적으로 불안정해진다. 목표는 수립되지만 무엇을 우선할 것인지는 결정되지 않고, 리스크는 식별되지만 이를 감수하거나 통제할 최종 책임 주체는 사라진다. 그 결과 ESG는 실무 부서의 업무로 전가되거나, 공시와 대응을 위한 관리 항목으로 축소된다. 리더십 단계에서는 이러한 전이를 구조적으로 차단한다. 이 단계에서 ESG는 더 이상 '잘하면 좋은 가치'가 아니라, 조직이 책임져야 할 판단 대상으로 확정된다.

이 확정 과정이 부재할 경우, 이후 모든 경영시스템의 단계는 형식적으로 작동할 가능성이 높다.

환경 영역의 K-ESG 항목들은 이 점을 가장 분명하게 드러낸다. 환경경영 추진체계(E-1-2), 기후변화 거버넌스(E-10-1), 온실가스 배출량 감축 선언(E-10-5)은 실행 프로그램이나 성과 목표를 요구하는 항목이 아니다. 이들은 기후와 환경 이슈가 어디에서, 누구의 책임으로, 어떤 절차를 통해 결정되는가를 묻는다. 이러한 항목들이 리더십 단계에 위치한다는 사실은, 기후와 환경이 운영 단계의 관리 문제가 아니라 리더십 차원의 판단 사안임을 전제로 한다.

따라서 환경 영역에서의 리더십은 실행을 지시하는 권한이 아니라, 판단을 회피하지 않는 책임으로 해석되어야 한다.

사회 영역 역시 동일한 논리로 해석되어야 한다. 결사의 자유 보장(S-2-6), 안전보건 추진체계(S-4-1), 인권정책 수립(S-5-1)은 제도의 존재 여부를 점검하기 위한 항목이 아니다. 이 항목들은 노동, 안전, 인권 이슈가 현장 관리나 복지 정책의 문제가 아니라, 조직이 공식적으로 책임을 승인한 경영 판단 영역인지를 확인한다. 이러한 판단 구조가 존재하지 않는 한, 사회 이슈는 언제든 비용이나 리스크로 치환되어 후순위로 밀려날 수 있다.

리더십 단계는 바로 이 지점을 통제함으로써, 사회 이슈를 선택 가능한 고려사항이 아니라 구조적으로 배제할 수 없는 판단 요소로 고정한다.

지배구조 영역의 항목들은 리더십 단계의 성격을 가장 노골적으로 드러낸다. 이사회 내 ESG 안건 상정(G-1-1), 사외이사 비율(G-1-2), 대표이사 이사회 의장 분리(G-1-3), 이사회 성별 다양성(G-1-4), 이사회 산하 위원회(G-2-3), 배당정책 및 이행(G-3-4)은 성과를 측정하지 않는다. 대신 ESG가 이사회라는 최상위 의사결정 구조 안에서 반복적으로 다뤄질 수 있는 조건이 형성되어 있는지를 묻는다. 리더십 단계에서 이 항목들이 핵심이 되는 이유는, ESG를 특정 부서나 개인의 관심사가 아니라 조직의 구조적 판단 메커니즘으로 고정하기 때문이다.

이때 중요한 것은 개별 제도의 완성도가 아니라, ESG가 의사결정의 정례적 대상이 되는 구조가 확보되었는지 여부다.

ESG 리더십을 교육, 인식 제고, 캠페인의 문제로 이해하는 접근은 리더십 단계의 질문을 근본적으로 오해한 것이다. 리더십 단계에서 묻는 것은 공감의 수준이 아니라, 권한과 책임의 귀속이다. 의사결정 구조에 포함되지 않은 ESG는 위기 상황에서 가장 먼저 유보되고, 성과 압박 앞에서 가장 쉽게 양보된다. 리더십 단계는 이러한 취약성을 제거하기 위해 ESG를 조직의 권한 구조와 책임 체계 안에 명시적으로 결합시킨다.

이 결합이 이루어지지 않은 상태에서의 ESG 전략은 지속성을 담보하기 어렵다.

따라서 리더십 단계에서의 K-ESG 연결은 활동이나 성과를 설명하는 단계가 아니다. 이 장은 ESG를 경영자의 의지에서 출발시키는 것이 아니라, 조직의 판단 구조로 고정하는 단계라고 설명한다. 여기서 확정된 책임과 권한 구조가 있어야만 기획 단계의 목표와 리스크 기획이 실질적인 의미를 갖고, 이후 지원 단계와 운영 단계에서 논의될 자원과 운영 역시 일관된 기준 위에서 작동할 수 있다. ESG는 리더십 단계를 통해 비로소 '누군가의 관심사'가 아니라 '조직의 결정'이 된다.

이 지점에서 ESG는 가치 선언을 넘어, 조직이 회피할 수 없는 의사결정의 일부로 편입된다.

이 장의 핵심 정리

✓ 리더십 단계는 ESG를 실무의 문제가 아니라 책임
의 문제로 전환시키는 단계이다.

✓ 최고경영자와 이사회의 책임이 명확하지 않을 경우
ESG는 전담 조직의 업무로 축소된다.

✓ ESG 방침과 자원 배분, 우선순위 설정은 운영 판단
이 아니라 경영 판단의 영역에 속한다.

✓ 이 단계에서 책임 주체가 고정되지 않으면 이후 시
스템은 형식적으로 작동할 수밖에 없다.

제4장

기획:

ESG 리스크와 목표를 설계하다

[리스크 기반 사고와 ESG]

ISO 경영시스템에서 기획 단계는 단순히 계획을 세우는 단계가 아니다. 이 단계는 조직이 어떠한 불확실성을 전제로 경영 판단을 반복할 것인지를 구조화하는 과정이다. 앞서 조직상황 단계는 무엇을 관리 대상으로 삼을 것인가를 규정했고, 리더십 단계에서는 그 판단에 대해 누가 책임을 지는지를 명확히 했다. 기획 단계는 이 두 전제를 바탕으로, 조직이 어떤 리스크와 기회를 기준으로 의사결정을 설계할 것인지를 요구한다.

기획 단계는 시스템의 '방향을 구체화하는 단계'이며, 조직이 앞으로 무엇을 개선할 것인지와 어떤 위험을 예방할 것인지를 경영시스템 언어로 명확히 정의하도록 요구한다. 이 단계에서 리스크와 기회가 체계적으로 식별·관리되지 않으면, 조직의 운영은 결국 우연과 개인 역량에 의존하게 되고, 동일한 판단이 상황마다 다르게 반복되는 불안정성이 누적된다. 따라서 이 단계에서 요구되는 것은 계획을 '세우는 행위'가 아니라, 방침을 실행으로 옮기기 위해 필요한 목표와 실행계획을 구조화하고, 그 구조가 일관되게 작동하도록 만드는 설계 행위로 이해되어야 한다.

이때 ISO 경영시스템에서 제시하는 핵심 개념이 바로 '리스크 기반 사고'다. 리스크 기반 사고는 위기 상황에서의 대응 기법이나 사후 관리 절차를 의미하지 않는다. 이는 조직이 목표를 달성하는 과정에서 필연적으로 존재하는 불확실성을 사전에 인식하고, 그 불확실성이 목표 달성에 미칠 영향을 고려하여 경영 판단을 내리는 사고방식이다. 다시 말해, 리스크 기반 사고는 위험을 제거하라는 요구가 아니라, 불확실성을 전제로 판단하라는 요구에 가깝다.

이 관점에서 ESG는 도덕적 가치나 추가적인 관리 영역으로 이해되기보다, 조직이 어떤 불확실성을 경영 판단에서 배제하지 않겠다고 선택하는 문제로 재해석될 필요가 있다. ESG 이슈는 대부분 발생 가능성이 불확실하고, 발생 시 파급 효과가 크며, 단기 재무 성과만으로는 설명하기 어려운 특성을 가진다. 기후변화, 인권 침해, 안전사고, 공급망 붕괴와 같은 사안들은 모두 사전에 완벽히 예측하기 어렵고, 일단 현실화되면 조직의 성과와 존립에 구조적인 영향을 미친다.

문제는 이러한 불확실성을 어떻게 다룰 것인가이다. 모든 리스크를 관리하는 것은 현실적으로 불가능하며, 모든 ESG 이슈를 동일한 수준으로 다루는 것 역시 조직의 자원을 고려할 때 비현실적이다. 이

4.1 리스크 기반 사고와 ESG

지점에서 ESG 경영은 흔히 오해에 직면한다. ESG를 모든 사회적 문제에 개입하겠다는 선언으로 받아들이는 순간, ESG는 과잉 투자와 비효율의 원인이 되기 쉽다. 그러나 기획 단계의 관점에서 ESG는 모든 리스크를 관리하겠다는 약속이 아니라, 조직이 '관리하기로 결정한 리스크의 범위'를 명확히 하는 문제에 가깝다.

즉, ESG 기획의 본질은 무엇을 더 할 것인가를 정하는 것이 아니라, 무엇을 경영 판단에서 무시하지 않을 것인가를 정하는 데 있다. 이 사고 구조가 확립되지 않으면 ESG 목표는 선언으로 남고, KPI는 보고용 숫자로 전락하며, 감축 계획은 실행과 분리된 약속으로 머물게 된다. 반대로 리스크 기반 사고가 ESG 기획의 출발점으로 자리잡을 경우, ESG는 비용이나 규제가 아니라 경영 판단의 전제 조건으로 작동하게 된다.

기존의 재무 리스크 관리가 손실 가능성을 최소화하는 데 초점을 두어 왔다면, ESG 리스크 기반 사고는 판단의 전제를 확장하는 데 초점을 둔다. 재무 리스크는 발생 확률과 손실 규모를 계산해 회피하거나 이전하는 방식으로 관리할 수 있지만, ESG 리스크는 발생 여부 자체보다도 발생했을 때 조직의 정당성과 신뢰, 사업 지속성에 미치는 구조적 영향을 함께 고려해야 한다. 이 때문에 ESG 리스크는 수치화 이전에 경영 판단의 기준으로 먼저 편입되어야 하며, 기획 단계는 바로 이 전환을 경영시스템 차원에서 제도화하는 역할을 한다.

이 지점에서 기획 단계에서의 기획은 단순한 위험 목록 작성이나 리스크 평가표 작성과 명확히 구분된다. ISO 경영시스템에서 전제

하는 리스크 기반 사고는 "리스크가 있다."라는 사실을 기록하는 데
서 끝나지 않고, 그 리스크를 고려하지 않은 판단이 어떤 왜곡된 결
과를 낳을 수 있는지를 경영 판단 구조 안에 반영하도록 요구한다.
즉, 리스크는 관리 대상이기 이전에 판단의 전제 조건이다.

ESG 리스크를 기획 단계에서 다루지 않는 조직은 의도치 않게 동
일한 실수를 반복한다. 단기 재무 성과만을 기준으로 한 투자 판단,
공급 안정성만을 고려한 협력사 선정, 비용 절감을 우선한 인력 운영
은 즉각적인 성과를 만들어 낼 수는 있지만, 시간이 지날수록 환경·
인권·안전 리스크를 구조적으로 증폭시킨다. 기획 단계에서는 이러
한 판단 왜곡을 사후적으로 교정하는 것이 아니라, 애초에 발생하지
않도록 경영 판단의 기준 자체를 설계하라는 요구에 가깝다.

[기후·인권·자연자본 리스크의 구조적 이해]

이 단계에서는 조직이 직면한 리스크를 포괄적으로 식별하고, 그 리스크가 목표 달성에 미치는 영향을 고려하도록 요구한다. ESG 맥락에서 특히 중요한 리스크는 기후, 인권, 자연자본과 관련된 리스크다. 이들 리스크는 공통적으로 발생 가능성과 영향 범위가 넓고, 발생 이후에는 회복 비용이 크며, 이해관계자의 신뢰에 직접적인 손상을 초래할 수 있다는 특성을 가진다.

기후 리스크는 더 이상 환경 부서의 관리 항목이 아니다. 기후변화는 원자재 수급, 에너지 비용, 공정 안정성, 규제 부담, 투자 판단 등 기업의 핵심 의사결정 전반에 영향을 미친다. 기획 단계에서 기후 리스크는 감축 활동의 대상이 아니라, 경영 판단의 전제가 되는 외부 환경 변수로 인식되어야 한다. 즉, 기후 리스크를 고려한다는 것은 특정 환경 활동을 추가하는 것이 아니라, 기존의 투자·운영·공급망 판단에서 기후 변수의 영향을 배제하지 않겠다는 것에 가깝다.

인권 리스크 역시 마찬가지다. 인권 문제는 종종 윤리적 이슈로만 인식되지만, 실제로는 공급망 중단, 법적 분쟁, 평판 훼손, 시장 접근 제한 등으로 전환되는 경영 리스크다. 기획 단계에서는 이러한 리스크를 사후적으로 통제하기보다, 인권 이슈가 발생할 수 있는 구조적 지점을 식별하고 이를 경영 판단에 반영할 것을 요구한다. 이는 인권을 보호하라는 도덕적 요청이 아니라, 인권 리스크를 방치하지 않겠다는 경영 판단의 문제다.

자연자본 리스크는 ESG 논의에서 상대적으로 추상적으로 다루어지기 쉽지만, 기획 단계의 관점에서는 명확한 의미를 가진다. 자연자본은 조직이 통제할 수 없는 외부 환경이지만, 그 변화는 조직의 성과에 직접적인 영향을 미친다. 수자원 부족, 생태계 훼손, 토지 이용 제한과 같은 요소들은 장기적으로 사업 지속가능성을 제약하는 구조적 리스크로 작용한다. 따라서 자연자본 리스크를 고려한다는 것은 환경 보호 활동을 늘리는 것이 아니라, 사업의 전제 조건이 변할 수 있다는 사실을 기획 단계에서 인정하는 행위에 가깝다.

이처럼 기획 단계에서의 ESG 리스크 식별은 항목을 나열하는 작업이 아니라, 조직의 경영 판단에 영향을 미치는 불확실성을 구조적으로 인식하는 과정으로 이해되어야 한다.

중요한 점은 이러한 ESG 리스크들이 서로 독립적으로 존재하지 않는다는 사실이다. 기후 리스크는 자연자본 리스크와 결합되어 공급망 안정성을 위협하고, 공급망의 불안은 다시 인권 리스크로 전이되며, 이 모든 과정은 평판 리스크와 규제 리스크를 동시에 증폭시킨다. ESG 리스크를 개별 항목으로 분절해 관리할 경우, 조직은 리스크가 실제로 작동하는 방식을 포착하지 못하게 된다.

따라서 기획 단계에서 요구되는 것은 리스크의 '총량 관리'가 아니라, 리스크 간 상호작용을 전제로 한 판단 구조의 설계다. 기획 단계에서 기후, 인권, 자연자본 리스크를 개별 항목이 아닌 구조적 변수로 다루어야 하는 이유는, 이들 리스크가 서로를 증폭시키는 방식으로 작동하기 때문이다. 기후변화로 인한 자원 불안정은 공급망 재편을 요구하고, 이는 다시 노동 조건과 인권 리스크를 동반하며, 이러한 변화는 평판 손상과 규제 강화로 이어질 가능성이 높다. 즉, ESG 리스크는 독립적인 관리 항목의 집합이 아니라, 하나의 경영 판단이 연쇄적인 영향을 만들어 내는 구조로 작동한다. 기획 단계는 이러한 연쇄 효과를 사전에 인식하고, 리스크를 분절이 아닌 구조로 이해하도록 요구한다. 특정 리스크를 무시하거나 축소했을 때 발생할 수 있는 연쇄 효과를 사전에 검토하지 않으면, 목표 설정과 자원 배분은 현실과 괴리될 수밖에 없다. 이 단계는 ESG 리스크를 단순한 관리 항목이 아니라, 경영 판단을 연결하고 조정하는 변수로 다루도록 요구하며, 이러한 구조가 갖춰지지 않을 경우 ESG 목표는 선언적 문구에 머무를 가능성이 높아진다.

이러한 리스크 구조화가 선행되지 않는 한, ESG 목표는 현실과 단절된 숫자나 선언으로 설정될 수밖에 없다. 따라서 기획 단계의 다음

과제는, 식별된 리스크를 목표·지표·관리 기준으로 어떻게 번역할 것
인가의 문제로 이동한다.

ESG 목표·KPI·감축 선언·변경 관리의 통합적 설계

이 단계에서 요구되는 다음 과제는 리스크와 기회를 식별한 이후, 이를 바탕으로 목표를 설정하는 것이다. 이때 목표는 방향 제시나 의지 표명이 아니라, 경영시스템이 무엇을 기준으로 작동할 것인지를 규정하는 장치다. ESG 목표 역시 동일한 기준에서 이해되어야 한다.

ESG 목표가 측정 가능해야 하는 이유는 단순히 비교를 가능하게 하기 위해서가 아니다. 측정 가능하지 않은 목표는 성과평가가 불가능하고, 성과평가가 불가능한 목표는 경영 판단의 기준으로 기능할 수 없다. '친환경 사업장 구축', '안전한 근무 환경 조성'과 같은 정성적 목표는 의도를 표현하는 데에는 유용할 수 있으나, PDCA 사이클 안에서는 관리 대상이 되기 어렵다. 그 결과 이러한 목표는 실행 단계에서 우선순위에서 밀리거나, 성과평가 단계에서 형식적으로 처리되기 쉽다.

ISO 경영시스템 관점에서 목표와 KPI는 실행 지침이 아니라 판단 기준이다. 이때 목표의 설계는 '의지 표명'이 아니라 실행 가능성까지 포함한 경영시스템의 약속이어야 하며, 그래서 기획 단계의 목표는 방침과 직접 연계되고 측정 가능한 형태로 설정되어야 한다. 실무적으로는 목표를 구체성, 측정가능성, 달성가능성, 관련성, 기한을 갖춘 형태로 정렬함으로써(즉, SMART 원칙에 부합하도록) 목표가 운영 단계에서 실제로 작동하는 기준이 되게 해야 한다. 동시에 목표는 리스크 대응계획, 자원계획, 업무계획과 통합되어 '실행 준비가 끝난 계획'이 되어야 하며, 그렇지 않으면 KPI는 보고용 숫자로만 남고 목표는 현장에서 우선순위가 밀리는 선언으로 후퇴한다. KPI는 성과를 보여 주기 위한 숫자가 아니라, 조직이 설정한 리스크와 기회가 실제로 통제되고 있는지를 확인하기 위한 지표다. 따라서 ESG 목표와 KPI는 조직상황 단계와 리더십 단계의 책임 구조와 일관성을 가져야 하며, 조직이 감당할 수 있는 자원과 역량을 전제로 설정되어야 한다.

ESG 목표 설정이 실패하는 가장 일반적인 원인은 의지 부족이 아니다. 오히려 리스크 정의가 불명확하거나, 목표가 선언용 언어로 설정되거나, 목표 변경이 허용되지 않는 구조에서 실패가 발생한다. 이전 성과보다 무조건 높은 수치를 설정하거나, 상징적 의미를 우선한 목표는 단기적으로는 메시지를 줄 수 있으나, 장기적으로는 자원의 비효율적 사용과 조직 내부의 피로도를 초래할 가능성이 높다.

이러한 맥락에서 감축 선언은 목표 그 자체가 아니라, 조직이 어떤 방향의 리스크를 인식하고 있는지를 외부에 신호로 전달하는 장치로 이해하는 것이 타당하다. 선언은 약속이지만, 동시에 경영 판단의 전제를 드러내는 표현이다. 선언 이후에 중요한 것은 선언의 존재가 아니라, 그 선언이 목표와 KPI, 자원 배분, 책임 구조로 어떻게 연결되는가다.

기획 단계는 목표를 고정된 기준으로 보지 않는다. 조직의 내·외부 환경은 지속적으로 변화하며, 환율, 규제, 기술, 시장 조건의 변화는 목표의 달성 가능성에 직접적인 영향을 미친다. 이러한 변화에도 불구하고 목표를 수정하지 않는 것은 일관성이 아니라 경직성에 가깝다. 목표 변경은 실패의 인정이 아니라, 환경 변화에 대한 경영시스템의 정상적인 반응이다.

따라서 변경 관리는 기획 단계에서 예외적 상황이 아니라 필수 요소로 위치한다. 변경은 즉흥적으로 이루어져서는 안 되며, 변경의 목적과 영향, 자원 조건, 리스크 구조를 검토한 뒤 계획적으로 이루어져야 한다. ESG 목표와 KPI 역시 변경될 경우, 그 변경이 중대성 판단, 리스크 관리, 책임 구조와 어떻게 연결되는지를 함께 검토하지 않으면 시스템의 신뢰성이 훼손될 수 있다.

기획 단계에서 목표와 KPI가 구조화되었다는 것은, 조직이 이를 실현하기 위한 자원과 역량의 재배치를 더 이상 회피할 수 없다는 의미이기도 하다. 목표는 설정되었지만 이를 실행할 인력, 예산, 정보, 교육 체계가 준비되지 않았다면 이는 목표의 문제가 아니라 지원 구조의 공백에 가깝다. 따라서 기획 단계는 실행을 대신하지 않지만, 실행이 가능하도록 자원 논의를 촉발하는 출발점이 되어야 하며, 이 지점에서 다음 단계인 지원 단계로의 연결이 필연적으로 발생한다.

결국 기획 단계에서의 기획은 고정된 계획을 만드는 단계가 아니라, 변화 속에서도 일관된 판단을 가능하게 하는 구조를 설계하는 단계다. 이 구조가 명확할 때 ESG는 선언이나 평가 대응을 넘어, 조직의 경영시스템 안에서 실제로 작동하는 관리 논리로 자리 잡을 수 있다.

ESG를 '선언된 가치'에서
'목표·지표·리스크로 정렬된 기획 체계'로 전환하다

기획 단계는 ESG 계획서를 작성하라는 것이 아니다. 이 단계의 핵심은 리더십 단계에서 확정된 책임과 판단 구조를 전제로, ESG를 조직이 실제로 관리할 수 있는 목표·지표·리스크의 언어로 재구성하는 데 있다. 기획 단계는 ESG를 '무엇을 중요하게 여기는가'라는 가치 판단의 수준에 머물게 하지 않고, '무엇을 기준으로 판단하고 조정할 것인가'라는 경영 판단의 체계로 전환한다.

이 단계를 거치지 않은 ESG는 필연적으로 슬로건에 머문다. 목표는 존재하지만 상호 간의 우선순위는 충돌하고, 지표는 많지만 의사결정에 반영되지 않는다. 리스크는 나열되지만 목표와의 연결이 끊겨 실행의 근거가 되지 못한다.

기획 단계는 이러한 분산을 허용하지 않는다. ESG는 여기서부터 기획의 언어로 통합되어야 하며, 목표·지표·리스크는 하나의 판단 체계 안에서 동시에 설계되어야 한다.

즉, ESG를 '관리 대상'으로 선언하는 단계를 넘어, '관리 가능한 구조'로 정렬하는 단계에 해당한다.

이 관점에서 K-ESG 가이드라인의 ESG 핵심이슈 및 KPI(P-2-1)는 단순한 지표 설정 항목이 아니다. 이는 조직이 어떤 ESG 이슈를 경영 판단의 기준 변수로 채택할 것인지를 결정하는 행위다. 환경경영목표 수립(E-1-1)과 사회 목표 수립 및 공시(S-1-1) 역시 선언적 목표의 유무를 묻는 것이 아니라, 환경과 사회 이슈가 조직의 목표 체계 안에서 어떤 비중과 우선순위를 갖는지를 확정하는 기획 요소로 기능한다.

이 항목들이 기획 단계에 위치한다는 점은, ESG 목표가 실행 이전에 이미 판단 구조 속에 편입되어야 함을 전제로 한다.

환경 영역의 세부 항목들은 이 기획 논리를 더욱 구체화한다. 온실가스 배출량 Scope 1·2(E-3-1)는 감축 활동의 성과를 측정하기 위한 항목이 아니라, 조직이 어떤 배출 범위를 관리 대상으로 전제할 것인지를 목표 단계에서 명확히 하도록 요구한다. 재생 원부자재 비율(E-2-2), 재생에너지 사용 비율(E-4-2), 재사용 용수 비율(E-5-2), 폐기물 재활용 비율(E-6-2)은 실행 단계의 관리 지표처럼 보이지만, 기획 단계에서는 목표가 리스크를 어떻게 전제하고 설계되었는지를 드러내는 기획 변수다. 대기오염물질 배출량(E-7-1)과 수질 오염물질 배출량(E-7-2) 역시 운영 관리의 문제가 아니라, 조직이 어떤 환경 영향을 사전에 통제 대상으로 인식했는지를 목표 수준에서 고정한다.

이처럼 환경 영역의 다수 항목이 기획 단계에 집중되는 이유는, 환경 이슈가 실행 이전에 기획 단계에서 충분히 구조화되지 않을 경우 관리 자체가 불가능해지기 때문이다.

기후변화 중장기 리스크 식별(E-10-2)과 생물다양성 보전 전략(E-11-2)은 기획 단계의 성격을 가장 분명하게 보여 준다. 이 항목들은 대응 활동을 요구하지 않는다. 대신 조직이 기후와 생태계 이슈를 목표 설정 이전에 고려해야 할 구조적 리스크로 인식하고 있는지를 묻는다. 리스크를 전제로 하지 않은 목표는 성과 관리로 이어질 수 없으며, 목표와 분리된 리스크 평가는 단순한 진단으로 끝난다. 기획 단계는 이 단절을 허용하지 않는다.

따라서 기획 단계에서의 리스크 관리는 사후 대응이 아니라, 목표 설계의 전제가 된다.

사회 영역의 항목들도 동일한 기획 논리 안에 위치한다. 이 맥락에서 전략적 사회공헌(S-7-1)은 운영 단계에서 반복적으로 수행되는 활동 항목이 아니라, 조직이 어떤 사회적 책임을 경영 판단의 범위로 설정할 것인지를 결정하는 기획 단계의 선택 요소에 해당한다. 사회공헌은 법적 의무나 운영 기준으로 자동 이행되는 영역이 아니며, 조직이 중장기 전략과의 연계성을 고려해 관리 대상으로 채택할 것인지 여부를 판단해야 하는 사안이다.

따라서 전략적 사회공헌(S-7-1)은 사회공헌 활동의 실행 여부나 규모를 평가하는 항목이 아니라, 사회적 가치 창출을 경영 목표 체계 안에 포함시킬 것인지, 그리고 포함시킨다면 어떤 방식으로 목표·지표·리스크와 정렬할 것인지를 묻는 기획 단계의 질문으로 기능한다. 정보보호 체계(S-8-1)는 보안 사고 대응이나 기술적 통제의 문제가 아니라, 조직이 어떤 정보 자산을 관리 대상으로 인식하고 이를 어떤 목표와 리스크 구조 안에서 관리할 것인지를 기획 단계에서 정렬했는지를 묻는 항목이다. 정보보호를 운영 단계의 조치로만 인식할 경우 관리 기준은 단편화되기 쉽다. 따라서 정보보호 역시 실행 이전에 목표·리스크·관리 범위가 기획 단계에서 구조화되어야 하며, 이 전제가 마련되어야 이후 지원과 운영 단계의 통제가 일관성을 갖는다. 이 판단이 선행되지 않은 상태에서 이루어지는 사회공헌은 전략과 분리된 단발성 활동으로 남기 쉽다. 정규직 비율(S-2-2), 여성 구성원 비율(S-3-1), 인권 리스크 평가(S-5-2)는 인사 지표나 제도 점검 항목이 아니다. 이들은 조직이 고용 구조와 인권 이슈를 어떤 사회적 리스크로 전제하고 목표를 설계하는지를 드러내는 기획 요소다. 이러한 항목들이 운영이나 성과평가 단계로 밀려날 경우, 사회 영역의 ESG는 비용 관리나 사후 대응으로 축소된다. 기획 단계는 사회 이슈를 사전 기획의 변수로 끌어 올린다. 이는 사회 이슈를 관리 부담이 아니라, 판단 구조의 일부로 흡수하는 기획 논리다.

많은 조직이 ESG 기획을 실행 로드맵이나 과제 목록으로 이해한다. 그러나 이러한 접근은 기획 단계의 질문을 축소한다. 이 단계가 요구하는 것은 계획의 상세함이 아니라, 목표·지표·리스크가 하나의 판단 체계로 정렬되어 있는지다. 기후, 환경, 사회 이슈를 운영 단계의 대응 문제로 미루는 순간, ESG 기획은 구조적 결함을 갖게 된다.

기획 단계는 실행 이전에 이미 '판단이 가능한 상태'에 도달했는지를 묻는다.

따라서 이 단계에서의 K-ESG 연결은 실행을 준비하는 단계가 아니다. 이 장은 ESG를 관리 가능한 언어로 번역하는 단계이며, 이후 지원 단계에서 논의될 자원과 역량, 운영 단계에서 다뤄질 운영 기준의 출발점이 된다. 여기서 목표와 리스크가 구조화되지 않으면, 지원은 형식에 그치고 운영은 일관성을 잃는다. ESG는 기획 단계를 통해 비로소 측정·판단·조정이 가능한 경영 대상으로 자리 잡는다.

이 지점에서 ESG는 전략이 아니라, 경영시스템이 처리할 수 있는 변수로 전환된다.

이 장의 핵심 정리

✓ 기획 단계는 계획을 세우는 단계가 아니라 불확실
성을 전제로 판단 구조를 설계하는 단계다.

✓ ESG 목표와 KPI는 의지 표명이 아니라 조직이 관리
대상으로 인정한 리스크의 범위를 보여 준다.

✓ 모든 ESG 이슈를 관리하려는 접근은 지속가능성을
높이기보다 판단을 왜곡시킨다.

✓ 이 단계의 핵심은 무엇을 더 할 것인가가 아니라 무
엇을 판단에서 제외하지 않을 것인가를 명확히 하
는 데 있다.

제5장

지원:

ESG를 가능하게 하는 조직 인프라

5.1

[지원의 개념과 경영시스템에서의 역할]

조직상황 단계는 무엇을 관리 대상으로 삼을 것인가를 규정하고, 리더십 단계는 그 선택의 책임 주체를 최고 의사결정 구조에 고정시키며, 기획 단계는 불확실성을 전제로 리스크·목표·조정 메커니즘을 설계하도록 요구한다. 그러나 여기까지의 논리가 아무리 정교하더라도, 그것이 조직 내부에서 반복 가능한 판단과 행동으로 번역되지 못하면 경영시스템은 문서로만 존재하게 된다. 지원 단계의 지원은 바로 이 지점에서 등장한다. 지원은 실행(Do)의 시작처럼 보이지만, 실제로는 실행 그 자체가 아니라 실행이 반복될 수 있게 만드는 조건을 규정하는 단계이다.

지원 단계의 목적은 경영시스템이 실제로 작동할 수 있도록 필요한 자원과 역량, 인식과 의사소통, 그리고 문서화된 정보를 체계적으로 확보하고 관리하는 데 있다. 이 단계는 실행을 지시하는 단계가 아니라, 실행이 중단되지 않도록 하는 운영 기반을 구축하는 단계로 이해하는 것이 타당하다.

계획이 아무리 정교하더라도 사람과 자원, 정보가 뒷받침되지 않으면 현장에서는 실행이 멈춘다. 결국 경영시스템의 성패는 계획의 완성도가 아니라, 구성원의 인식과 역량, 그리고 그 사이를 연결하는 소통의 품질에서 갈라진다.

PDCA 사이클 관점에서 조직상황, 리더십, 기획 단계가 '계획(Plan)'에 해당한다면, 지원 단계는 단순한 실행 단계가 아니라 실행 이전에 자원이 어떻게 결정되고 투입되는가를 다루는 전환 지점에 해당한다. 계획이 수립되었다는 사실만으로 실행이 보장되지는 않는다. 조직이 설정한 방침과 목표는 반드시 그것을 달성할 수 있는 자원 투입이라는 현실 조건을 전제로 할 때에만 의미를 가진다.

여기서 말하는 자원은 단순히 예산이나 인력에 국한되지 않는다. 인적 자원, 물적 자원, 인프라, 정보 시스템, 계측 수단, 시간, 그리고 조직이 감내할 수 있는 관리 부담까지 모두 포함한다. 적절한 시기에 적절한 자원이 투입되지 않는다면, 조직이 아무리 잘 설계되어 있고 목표가 정교하더라도 실행은 구조적으로 불가능해진다. 이 때문에 지원 단계는 리더십 단계와 밀접하게 연결된다. 자원의 배분과 우선순위 결정은 결국 최고경영자의 의사결정에서 비롯되며, ESG에 대한 리더십이 결여된 조직에서는 ESG 관련 자원이 적기에 적절히 투입될 가능성은 극히 낮다.

5.1 지원의 개념과 경영시스템에서의 역할

특히 ESG 경영은 과거 산업혁명 시기의 경영 논리와 본질적으로 다르다. 과거에는 '싸고 좋게' 제품과 서비스를 생산하는 것이 거의 유일한 경쟁 기준이었다. 그러나 오늘날 ESG 경영은 그것만으로 충분하지 않다. 싸고 좋게 만드는 것은 이제 기본 전제가 되었고, 여기에 더해 착하고, 깨끗하며, 만드는 과정이 투명한지까지 함께 관리되어야 한다. 이는 곧 기존의 생산 논리 위에 추가적인 관리 층위가 더해졌음을 의미한다.

예를 들어 과거에는 하나의 제품을 생산하기 위해 상대적으로 적은 인력과 제한된 비용만으로도 경영이 성립했다면, ESG 경영 환경에서는 동일한 제품을 만들기 위해 추가적인 인력과 비용이 필연적으로 요구된다. 환경 관리, 안전 관리, 인권 관리, 데이터 수집과 검증을 담당하는 인력과 시스템이 추가로 요구되기 때문이다. 이러한 추가 비용과 자원 투입 여부는 실행 단계에서 갑자기 결정되는 것이 아니라, 이미 조직의 상황 인식과 리더십의 책임 설정, 그리고 기획 단계의 판단 과정에서 사실상 결정되어 있다. 다시 말해, ESG를 하겠다고 선언한 조직은 이미 더 많은 자원을 투입하겠다는 선택을 한 셈이다.

이러한 자원은 인력에만 국한되지 않는다. 사무실, 공장, 설비, 계측기, 유틸리티, 운송 수단, 정보통신 기술과 같은 기반 인프라도 포함된다. 이전에는 고려하지 않았던 환경 요소를 관리하기 위해서는 새로운 계측기가 필요하고, 데이터를 수집·저장·분석하기 위한 시스템이 필요하다. 지원 단계는 이러한 현실을 외면한 채 실행을 요구하지 않는다. 오히려 실행이 가능해지기 위한 전제 조건으로서의 자원 구조를 먼저 점검하도록 요구한다.

따라서 지원은 비용을 쓰는 단계가 아니라, 비용이 의미 있게 쓰이도록 만드는 단계다. 같은 교육비를 쓰더라도 역량 모델이 없으면 교육은 반복될수록 형식화된다. 같은 계측기를 도입하더라도 데이터 정의와 책임 구조가 없으면 수치는 신뢰를 잃는다. 같은 공시를 하더라도 문서화된 정보 체계가 없으면 공시는 '성과'가 아니라 '리스크'가 된다. 지원 단계는 ESG가 계획에서 실행으로 넘어가는 순간 발생할 수 있는 판단 기준 붕괴, 데이터 품질 저하, 책임 희석이라는 구조적 손실을 사전에 차단하기 위해 설계된 단계이다.

이 점에서 지원 단계는 실행을 준비하는 단계가 아니라, 실행을 허용할 것인지 여부를 결정하는 단계에 가깝다. 자원이 충분하지 않다면 실행은 지연되거나 축소되어야 하며, 역량이 준비되지 않았다면 목표 자체가 재검토되어야 한다. 지원 단계는 ESG를 '지금 당장 실행하라'는 압박이 아니라, '지금 실행해도 되는 상태인가'를 점검하는 구조적 장치다.

[ESG 역량과 인적 자원의 구조적 설계]

ESG를 조직에 내재화한다고 할 때, 많은 조직이 가장 먼저 떠올리는 질문은 'ESG 전담조직을 만들어야 하는가', 혹은 'ESG 담당자를 지정해야 하는가'이다. 이러한 질문은 자연스럽지만, 지원 단계의 관점에서 보면 핵심을 비껴간다. ISO가 묻는 것은 역할의 유무가 아니라, 조직이 ESG와 관련된 판단을 반복적으로 수행할 수 있는 역량 구조를 갖추고 있는가이다. 다시 말해, ESG를 누가 하느냐의 문제가 아니라, 조직이 어떤 판단을 할 수 있도록 설계되어 있는가의 문제다.

전통적인 산업 구조에서 기업의 인적 자원 설계는 비교적 단순했다. 제품과 서비스를 싸고, 빠르고, 일정한 품질로 생산하는 것이 핵심 과제였기 때문에, 필요한 인력 역시 생산·영업·관리 중심으로 배치되었다. 이 구조에서 중요한 것은 효율과 생산성이었고, 판단의 기준 역시 단기적인 비용과 성과에 집중되어 있었다.

그러나 ESG 경영이 본격화된 환경에서는 이 전제가 더 이상 유지되지 않는다. 기업은 이제 단순히 싸고 좋은 제품을 만드는 것만으로 충분하지 않다. 같은 제품을 만들더라도 어떤 방식으로 만들었는지, 그 과정에서 환경과 사람에게 어떤 영향을 미쳤는지, 그 정보가 투명하게 설명될 수 있는지까지 함께 관리해야 한다. 이는 기존의 인력만으로는 해결할 수 없는 영역이며, 자연스럽게 추가적인 인적 자원과 비용을 요구한다.

중요한 점은 이 추가 자원이 단순한 'ESG 업무 처리 인력'이 아니라는 것이다. ESG가 경영시스템으로 작동하기 위해 필요한 인력은, 활동을 수행하는 사람이 아니라 판단을 가능하게 하는 사람이다. 기후 리스크를 어디까지 경영 판단의 전제로 삼을 것인지, 인권 리스크를 공급망의 어느 수준까지 확장해 식별할 것인지, 자연자본의 변화가 중장기 사업 지속성에 어떤 영향을 미치는지를 어떻게 해석할 것인지와 같은 문제는 체크리스트로 해결되지 않는다. 이는 조직상황 단계의 적용 범위, 리더십 단계의 선택과 자원 배분, 기획 단계의 리스크 기반 사고와 목표 설계를 현실의 의사결정에 번역하는 판단 능력을 요구한다.

이 지점에서 ESG 역량은 '업무 수행 능력'과 명확히 구분된다. 업무 수행 능력은 정해진 절차를 따르는 능력에 가깝지만, ESG 역량은 불확실한 상황에서 기준을 해석하고 적용하는 능력에 가깝다. 따라서 지원 단계가 요구하는 역량은 교육 이수 여부나 자격증 보유 여부

5.2 ESG 역량과 인적 자원의 구조적 설계

로 충족되지 않는다. 조직이 실제로 관리하는 리스크, 설정한 목표, 확보한 자원을 기준으로, 어떤 판단이 반복되어야 하는지를 먼저 정의한 뒤 그 판단을 수행할 수 있는 역량을 설계해야 한다.

이러한 관점에서 인적 자원 설계는 단순히 사람을 채용하거나 부서에 배치하는 문제가 아니다. 조직이 ESG 경영을 통해 반복적으로 수행해야 할 판단을 기준으로, 역량 구조를 재설계하는 문제다. ESG 맥락에서 이 역량 구조는 최소한 다음의 네 가지 축을 포함한다.

첫째, 데이터 정의와 관리 역량이다. ESG 성과로 인정되는 정보는 무엇이며, 무엇은 단순 참고 정보에 불과한가를 구분할 수 있어야 한다. 같은 환경 수치라도 어떤 기준과 범위에서 수집되었는지에 따라 전혀 다른 의미를 갖는다. 이 판단이 불명확하면 데이터는 쌓이지만 성과로 연결되지 않는다.

둘째, 리스크와 중대성 해석 역량이다. 모든 ESG 이슈를 동일하게 다룰 수 없다는 점에서, 무엇을 우선 관리할 것인지를 해석하는 능력은 핵심 역량에 해당한다. 이는 외부 가이드라인을 그대로 적용하는 문제가 아니라, 조직의 상황과 전략을 반영해 중대성을 판단하는 능력이다.

셋째, 목표와 KPI를 설계하고 조정하는 기획 역량이다. 목표는 선언이 아니라 경영 판단의 기준이기 때문에, 달성 가능성과 의미를 동시에 검토할 수 있어야 한다. 또한 환경 변화에 따라 목표를 조정할 때, 그것이 일관성의 붕괴인지 합리적 조정인지를 구분할 수 있어야 한다.

넷째, 커뮤니케이션과 공시 리스크를 통제하는 역량이다. ESG 정보는 내부 판단과 외부 공시 사이에서 의미가 변형되기 쉽다. 과장·누락·오해의 가능성을 인식하고 이를 구조적으로 관리하지 못하면, ESG는 성과가 아니라 리스크로 전환된다.

이러한 역량이 조직 내에 구조적으로 설계되지 않으면, ESG는 쉽게 'ESG 담당자의 업무'로 축소된다. 그 결과 목표와 KPI는 존재하지만 현장은 무엇을 기준으로 판단해야 하는지 알지 못하고, 데이터는 수집되지만 정의가 달라 비교가 불가능하며, 공시는 이루어지지만 내부에서는 그 수치의 의미를 설명할 수 없는 상태가 된다. 이는 실행의 문제가 아니라 지원 구조의 실패다.

지원 단계는 ESG를 전담조직의 설치로 해결하지 말고, 역량과 적격성의 확보로 다루라고 요구하는 이유가 여기에 있다. ESG 경영은 사람을 더 뽑는 문제가 아니라, 조직이 어떤 판단을 반복할 것인지를 먼저 정하고, 그 판단이 가능하도록 인적 자원을 설계하는 문제다. 이 구조가 갖춰질 때, 추가적인 인력과 비용은 단순한 부담이 아니라 ESG 경영을 가능하게 하는 필수 인프라로 전환된다.

[교육·인식·복지와 기준 정렬 메커니즘]

ESG 역량을 조직에 내재화하는 과정에서 교육은 거의 예외 없이 등장한다. 그러나 많은 조직에서 교육은 여전히 '한 번 실시하면 완료되는 활동', 혹은 '감사 대응을 위한 형식적 요건'으로 이해된다. 지원 단계에서 요구하는 교육과 인식은 이러한 접근과 본질적으로 다르다. 교육의 목적은 지식을 전달하는 데 있지 않다. 교육의 핵심 목적은 조직 내부의 판단 기준을 정렬시키는 것이다.

경영시스템이 작동하는 조직에서 교육은 단순한 역량 강화 수단이 아니다. 교육은 조직이 무엇을 중요하게 여기고, 어떤 기준으로 판단하며, 무엇을 용인하지 않는지를 구성원에게 반복적으로 각인시키는 메커니즘이다. 다시 말해, 교육은 업무 수행 능력을 높이기 위한 수단이기 이전에, 조직의 의사결정 논리를 통일시키는 장치다. ESG 역시 동일한 논리 위에 있다.

앞서 리더십 단계에서 방침이 수립되고, 기획 단계에서 목표와 KPI가 설정되었다면, 교육과 인식은 그 방침과 목표를 현장의 판단 기준으로 번역하는 역할을 수행한다. 방침과 목표가 문서에만 존재할 경우, 구성원은 결국 단기 성과, 비용 절감, 관행적 방식에 따라 판단하게 된다. 반대로 방침과 목표가 교육과 인식 체계를 통해 반복적으로 공유되면, 구성원은 '이 선택이 허용되는지', '이 행동이 ESG 관점에서 문제를 야기하는지'를 스스로 판단할 수 있게 된다.

특히 ESG 영역에서 교육이 중요한 이유는, 많은 비재무 지표가 현장의 해석과 인식에 의해 품질이 결정되기 때문이다. 안전, 인권, 환경, 윤리와 같은 지표는 사건이 발생했을 때만 기록되는 것이 아니라, 사전 예방 활동, 관찰, 보고 문화에 따라 데이터의 양과 질이 달라진다. 예컨대 동일한 작업 환경에서도 어떤 조직은 위험 요인을 사전에 기록하고 개선 활동으로 연결하는 반면, 어떤 조직은 사고가 발생하기 전까지 아무 기록도 남기지 않는다. 이 차이는 계측기나 시스템의 문제가 아니라, 교육과 인식의 문제다.

환경 데이터 역시 마찬가지다. 환경 성과는 흔히 설비나 계측기의 문제로 인식되지만, 실제로는 측정·기록·검토를 수행하는 사람의 인식에 의해 데이터 품질이 좌우되는 경우가 훨씬 많다. 같은 설비, 같은 계측기를 사용하더라도 측정 기준을 어떻게 이해하고, 기록을 얼마나 성실히 수행하며, 측정치를 어떻게 해석하느냐에 따라 결과는 전혀 달라진다. 이때 교육이 단순히 규정과 절차를 읽히는 수준에 머무르면, 데이터는 존재하지만 신뢰할 수 없는 수치로 전락한다.

이 지점에서 지원 단계의 교육·인식 요구는 "교육을 했는가?"라는 질문이 아니라, "조직이 실제로 동일한 기준으로 판단하고 있는가"? 라는 질문으로 이해해야 한다. 교육이 기준 정렬에 실패하면, ESG는 실행 단계에서 빠르게 변질된다. 목표는 같지만 해석이 다르고, KPI는 같지만 산출 방식이 다르며, 데이터는 존재하지만 비교가 불가능한 상태가 된다. 이러한 상태에서는 ESG 성과 관리가 아니라, ESG 혼란 관리가 발생한다.

또한, 지원 단계는 교육과 인식만을 요구하지 않는다. 조직이 목표를 달성할 수 있는 적절한 환경을 제공할 것을 함께 요구한다. 이 환경에는 물리적 작업 환경뿐만 아니라, 조직문화, 업무 강도, 복지, 심리적 안전감까지 포함된다.

많은 조직이 ESG를 선언하면서도, 실제로는 과로가 구조화된 조직, 이직률이 높아 숙련이 축적되지 않는 조직, 보고하면 불이익이 발생하는 조직문화를 그대로 유지한다. 이러한 환경에서는 아무리 교육을 실시해도 ESG 성과가 안정적으로 축적되기 어렵다. 안전사고, 인권 이슈, 데이터 은폐, 내부 신고 부재와 같은 문제는 대부분 교육 부족이 아니라 환경 부족에서 발생한다.

특히 ESG는 장기적 판단을 요구하는 영역이기 때문에, 단기 성과 압박이 과도한 조직에서는 쉽게 후순위로 밀린다. 환경 데이터를 정직하게 기록하면 불리해질 수 있다는 인식, 인권 이슈를 보고하면 조직에 부담이 된다는 인식, 안전 문제를 제기하면 업무가 늘어난다는 인식이 존재하는 조직에서는 ESG가 형식적으로만 작동한다. 이 단계가 교육과 함께 환경 제공을 요구하는 이유는, ESG를 '의지의 문제'가 아니라 조건의 문제로 다루기 위함이다.

이러한 맥락에서 교육·인식·복지는 분리된 요소가 아니다. 교육은 기준을 전달하고, 인식은 그 기준을 내재화하며, 복지와 환경은 그 기준이 실제 행동으로 나타날 수 있는 조건을 제공한다. 이 세 요소가 분리될 경우, 교육은 공허해지고, 인식은 선언에 머물며, 복지는 ESG와 무관한 비용 항목으로 취급된다. 반대로 이 세 요소가 지원 단계의 구조 안에서 정렬되면, ESG는 특정 부서의 업무가 아니라 조직 전체의 판단 방식으로 자리 잡는다.

결국 이 단계에서 교육·인식·복지는 '있으면 좋은 것'이 아니다. 이는 ESG가 계획 단계에서 설정한 방침과 목표를 실제 실행으로 연결하고, 그 실행을 반복 가능하게 만드는 핵심 인프라다. 교육이 기준 정렬에 실패하고, 인식이 형성되지 않으며, 환경이 이를 뒷받침하지 못하는 조직에서 ESG는 언제든 선언으로 후퇴할 수 있다. 지원 단계는 바로 이 후퇴를 구조적으로 방지하기 위해, 교육·인식·환경을 경영시스템의 필수 요소로 규정한다.

[ESG 커뮤니케이션의 원칙과 정보 왜곡 관리]

ESG는 이해관계자와의 관계 속에서만 의미를 갖는 경영 방식이다. 따라서 ESG 경영에서 의사소통은 부수적 활동이나 후속 절차가 아니라, 경영시스템의 핵심 기능에 해당한다. 지원 단계가 내부·외부 의사소통을 독립된 요구사항으로 제시하는 이유도 여기에 있다. 의사소통은 '홍보'의 문제가 아니라, 리스크 통제의 문제이기 때문이다.

특히 ESG 커뮤니케이션은 재무 정보의 의사소통과 근본적으로 다른 성격을 가진다. 재무 정보는 회계 기준, 계정 체계, 감사 절차를 통해 비교적 엄격하게 구조화되어 있다. 반면 비재무 정보는 정의, 범위, 측정 방식, 책임 구조가 조직마다 상이하다. 이로 인해 ESG 정보는 의사소통 과정에서 왜곡될 가능성을 본질적으로 내포한다. 중요한 점은 이 왜곡이 반드시 악의나 조작에서 발생하지 않는다는 사실이다. 오히려 대부분의 왜곡은 구조적 요인에서 비롯된다.

예컨대 동일한 '탄소 감축'이라는 표현이라 하더라도, 어떤 부서는 절대량 감축으로 이해하고, 다른 부서는 생산량 대비 효율 개선으로 이해할 수 있다. 공급망 인권 리스크에 대한 정보가 협력사에서는 '관리 중인 이슈'로 보고되지만, 본사에서는 중요 리스크로 인식되지 않을 수 있다. 현장에서 발생한 안전 관련 사건이 보고 단계에서 '경미한 사례'로 완화되어 전달될 수도 있다. 이러한 현상은 개인의 문제라기보다, 의사소통 기준이 정렬되지 않은 시스템의 문제다.

이 때문에 ESG 커뮤니케이션의 출발점은 '어떻게 잘 전달할 것인가'가 아니다. 출발점은 '정보는 왜곡될 수 있다'는 전제를 명확히 세우고, 그 왜곡을 어떻게 통제할 것인가를 설계하는 데 있다. 지원 단계의 관점에서 의사소통은 설득이나 이미지 관리의 수단이 아니라, 정보 품질을 관리하기 위한 통제 장치다. 이러한 맥락에서 최근 자주 언급되는 그린워싱은, 단순히 의도적인 허위 공시나 과장된 홍보 행위로만 이해하기에는 충분하지 않다. 실제로 많은 경우 그린워싱은 윤리의 문제가 아니라, 성과 정의·측정·평가와 커뮤니케이션 구조가 분리되어 있을 때 발생하는 시스템적 결과로 발생하기도 한다. 즉, 내부적으로는 성과의 한계와 불확실성이 충분히 인식되고 있음에도, 외부 커뮤니케이션 단계에서 그 맥락이 축약되거나 단순화되면서 정보 왜곡이 발생하는 경우가 많다. 이는 개인의 판단 오류라기보다, 지원 단계에서 요구하는 의사소통 기준과 책임 구조가 충분히 설계되지 않았을 때 나타나는 전형적인 현상으로 볼 수 있다.

지원 단계에서 요구하는 의사소통 설계는 다음과 같은 질문으로 구조화된다. 무엇을(What) 언제(When) 누구에게(to Whom) 누가(by Whom) 어떤 방식으로(How) 전달할 것인가. ESG에서는 여기에 결정적인 질문이 하나 더 추가된다. 어떤 기준으로 사실을 정의할 것인가. 즉, ESG 커뮤니케이션은 메시지의 표현 방식보다 데이터의 정의와 일관성을 우선적으로 관리해야 한다.

내부 커뮤니케이션의 목적은 '공유'가 아니라 '정렬'이다. 기획 단계에서 목표와 KPI가 설정되었다고 해서, 그것이 동일한 의미로 현장에 전달되는 것은 아니다. 현장은 목표를 자신의 업무 맥락에서 재해석한다. 이때 기준 정렬이 실패하면, 동일한 목표 아래에서 서로 다른 행동이 발생한다. 예컨대 한 부서는 KPI 달성을 위해 데이터 범위를 축소하고, 다른 부서는 보수적으로 확장하여 기록할 수 있다. 결과적으로 조직 전체의 ESG 데이터는 비교 가능성을 잃고, 경영 판단의 근거로 기능하지 못한다.

외부 커뮤니케이션은 더 복합적인 리스크를 동반한다. ESG 보고서, 지속가능 경영 페이지, 공시 자료는 단순한 정보 제공을 넘어 외부 이해관계자의 의사결정에 직접적인 영향을 미친다. 이 과정에서 과장, 누락, 오해의 가능성은 항상 존재한다. 문제는 ESG 커뮤니케이션이 성과를 강조할수록, 동시에 법적·평판적 리스크가 증폭될 수 있다는 점이다. 비재무 정보는 불확실성을 전제로 하지만, 외부 커뮤니케이션은 종종 확정적 언어를 요구한다. 이 긴장 관계를 관리하지 못하면, ESG 커뮤니케이션은 성과를 보여 주는 도구가 아니라 리스크를 확대하는 통로가 된다. 이 과정에서 정보 왜곡은 단순한 평판 문제를 넘어, 「중대재해처벌법」상 안전·보건 정보의 은폐, 「자본시장법」상 허위·과장 공시, 「표시광고법」상 기만적 표현과 같은 법적 리스크로 직접 전이될 수 있다. 이러한 위험은 성과가 부족해서가 아니라, 성과가 어떻게 평가되고 검토되었는지가 커뮤니케이션과 연결되지 않았을 때 증폭된다. 성과평가 단계에서 성과의 모니터링, 측정, 분석, 평가를 독립된 단계로 두는 이유 역시 여기에 있다. ESG 커뮤니케이션은 성과평가 단계에서 검증된 성과평가 결과를 외부로 전달하는 최종 단계에 해당하며, 이 연결 고리가 단절될 경우 의도와 무관하게 정보 왜곡이나 그린워싱으로 오인될 가능성이 높아진다. 따라서 ESG 커뮤니케이션의 신뢰성은 표현의 기술이 아니라, 성과평가 체계와의 구조적 정합성에서 결정된다.

ESG는 비재무 지표이며, 비재무 지표는 수집 자체가 어렵고, 의사소통 과정에서 왜곡될 가능성이 높다. 의사소통이 잘못 설계되면, 그 결과는 단순한 '오해'에 그치지 않는다. 잘못된 ESG 커뮤니케이션은 투자 판단, 거래 관계, 규제 대응, 사회적 신뢰에 직접적인 영향을 미치며, 결과적으로 조직을 ESG 관점에서 불리한 위치로 이동시킨다.

따라서 ESG 커뮤니케이션은 실행 이후의 부가 활동이 아니라, 지원 단계에서 반드시 구조화되어야 할 관리 영역이다. 이 구조화의 핵심 원칙은 다음과 같이 정리할 수 있다.

첫째, 정의를 먼저 고정한다.

무엇을 감축으로 볼 것인지, 어떤 사건을 리스크로 분류할 것인지에 대한 기준이 먼저 설정되어야 한다.

둘째, 책임자를 명확히 한다.

정보의 생성, 검토, 승인, 전달 단계마다 책임이 분리·명확화되지 않으면 왜곡은 구조적으로 발생한다.

셋째, 문서화된 정보와 연결한다.

모든 커뮤니케이션은 근거 자료와 연결되어야 하며, 구두 설명이나 요약만으로는 통제가 불가능하다.

넷째, 과장보다 검증 가능성을 우선한다.

ESG 커뮤니케이션의 신뢰성은 메시지의 강도가 아니라, 사후 검증 가능성에서 결정된다.

이 원칙이 부재한 상태에서의 ESG 커뮤니케이션은 쉽게 홍보 중심의 표현이나 슬로건으로 변질된다. 그 순간 ESG는 경영시스템의 결과가 아니라 이미지 관리 도구로 오해받기 쉽다. 이 단계의 의사소통 요구는 바로 이러한 전환을 방지하기 위한 안전장치다. 즉, ESG 커뮤니케이션은 '잘 말하는 기술'이 아니라, '잘 관리된 시스템이 외부로 드러나는 결과'여야 한다.

커뮤니케이션과 공시는 동일하지 않다. 커뮤니케이션은 판단 과정의 공유이고, 공시는 그 판단 결과에 대한 외부 검증 창구다. 이 구분이 흐려질수록 조직은 내부 판단을 생략한 채 외부 메시지를 앞세우게 되고, 그 결과 공시는 관리의 결과가 아니라 리스크의 출발점이 된다.

[공시 체계의 구조와 한계 인식]

ESG 공시는 흔히 '성과를 보여 주는 문서'로 이해된다. 그러나 경영시스템 관점에서 공시는 성과 그 자체가 아니라, 조직 내부에서 무엇이 관리되고 있는지를 외부가 검증할 수 있도록 만드는 장치에 가깝다. 지원 단계의 문서화된 정보 요구가 ESG에서 결정적인 의미를 갖는 이유도 바로 여기에 있다. 공시는 독립적으로 존재하지 않는다. 공시는 언제나 문서화된 정보 체계 위에서만 성립한다.

비재무 지표는 수집만으로는 의미를 갖지 못한다. ESG 지표는 대부분 현장, 부서, 협력사 등 조직 전반에 흩어져 있으며, 정의와 측정 방식이 명확히 고정되어 있지 않은 경우가 많다. 이 상태에서 단순히 수치를 모아 공시를 시도하면, 공시는 '관리의 결과'가 아니라 '노출의 결과'가 된다. 즉, 조직 내부에서 통제되지 않은 정보가 외부로 드러나는 순간, 공시는 성과를 설명하는 도구가 아니라 리스크를 증폭시키는 계기가 된다.

ISO 경영시스템에서 문서화된 정보는 단순히 '문서를 많이 만들라'는 요구가 아니다. 문서화된 정보는 경영시스템이 의도한 대로 작동했음을 보여 주는 증거이자, 판단 기준이 시간의 흐름 속에서도 흔들리지 않도록 유지하는 기억 장치다. ESG에서도 동일한 논리가 적용된다. 기획 단계에서 KPI를 설정했다면, 그 KPI를 산출하는 데이터의 정의가 명확해야 하고, 데이터가 어떤 방식으로 수집되는지에 대한 프로세스가 존재해야 하며, 검토·승인·변경에 대한 책임 구조가 설정되어야 한다. 이 구조 없이 이루어지는 공시는 관리가 아니라 보고에 불과하다.

ESG는 비재무 지표를 관리하여 공시하고, 그 결과로 평가를 받는 구조를 가진다. 그러나 관리되지 않은 비재무 지표는 공시의 대상이 될 수 없다. 정보가 수집되었다는 사실과 정보가 관리되고 있다는 사실은 전혀 다른 문제다. 관리란 정의의 고정, 책임의 지정, 기록의 유지, 변경 이력의 추적을 포함한다. 이 중 하나라도 결여되면 공시는 신뢰를 상실한다.

특히 ESG 공시는 다음과 같은 착시를 유발하기 쉽다.

첫째, 공시가 이루어졌다는 사실이 곧 관리가 이루어졌다는 착각이다. 실제로는 공시를 위해 급히 데이터를 취합했을 뿐, 해당 지표가 연중 지속적으로 관리되지 않았을 수 있다. 둘째, 공시가 정교해질수록 ESG 수준이 높아졌다는 착각이다. 그러나 공시의 정교함은 문서 작성 역량을 보여 줄 뿐, 반드시 경영시스템의 성숙도를 의미하지는 않는다. 지원 단계에서 이 착시를 경계한다.

공시의 한계는 구조적으로 발생한다. 첫째, 공시는 과거 지향적이다. 공시는 이미 발생한 활동과 성과를 정리하지만, 경영시스템은 본질적으로 미래의 리스크와 기회를 다룬다. 공시가 아무리 충실하더라도, 그것이 곧 향후 리스크 통제를 보장하지는 않는다. 둘째, 공시는 외부 이해관계자의 언어로 작성된다. 이 과정에서 내부 관리 논리와 외부 보고 논리 사이에 괴리가 발생할 수 있다. 내부에서는 리스크 관리 측면에서 중요한 정보가, 외부 공시에서는 비교 가능성을 이유로 단순화되거나 생략될 수 있다. 셋째, 공시는 메시지를 요구하지만, ESG는 불확실성을 전제로 한다. 이 긴장 관계를 관리하지 못하면, 조직은 과도하게 확정적인 표현을 사용하게 되고, 그 표현 자체가 향후 리스크로 전환된다.

따라서 공시는 '잘 써야 하는 문서'가 아니라, 잘 관리된 시스템이 자연스럽게 드러나는 결과물로 이해하는 것이 타당하다. 공시를 잘한다는 것은 표현력이 뛰어나다는 의미가 아니라, 공시가 던지는 질문은 '이 지표는 어떻게 정의되었는가', '누가 책임지는가', '어떻게 검증되는가', '변경 시 어떻게 관리되는가'에 대한 조직 내부 시스템이 일관되게 답할 수 있다는 의미다.

지원 단계는 이 답변의 조건을 명확히 규정한다. 자원이 투입되어야 하고, 적절한 역량이 확보되어야 하며, 구성원이 동일한 기준을 인식해야 하고, 의사소통 과정에서 왜곡이 통제되어야 하며, 그 모든 과정이 문서화된 정보로 남아야 한다. 이 다섯 요소가 정렬될 때, 공시는 비로소 리스크가 아니라 경영시스템의 검증 도구로 기능한다.

결국 ESG 공시의 품질은 글의 완성도가 아니라, 경영시스템의 성숙도를 반영한다. 지원 단계는 ESG를 '얼마나 공시했는가'의 문제에서 '무엇을 관리하고 있는가'의 문제로 되돌려 놓는다. 이 관점에서 공시는 ESG의 종착점이 아니라, 지원 체계가 제대로 작동하고 있는지를 외부가 확인하는 하나의 창구에 불과하다.

ISO 경영시스템의 흐름에서 지원 단계는 독립된 실행 단계가 아니다. 조직의 상황을 정의한 조직상황 단계, 책임 구조를 확정한 리더십 단계, 불확실성을 전제로 기획 논리를 설계한 기획 단계가 실제로 작동할 수 있는지를 검증하는 관문에 가깝다. 다시 말해 지원 단계는 '무엇을 하겠다'는 선언이 아니라, 그 선언이 반복 가능한 판단과 행동으로 전환될 수 있는 조건이 갖추어졌는지를 묻는 단계이다.

조직상황 단계에서 관리 대상을 규정하고, 리더십 단계에서 그 선택의 책임을 최고 의사결정 구조에 고정하며, 기획 단계에서 리스크·목표·조정 메커니즘을 설계했다면, 지원 단계는 이 모든 논리가 현장에서 동일한 기준으로 해석되고, 동일한 방식으로 기록되며, 동일한 구조로 축적될 수 있도록 만드는 단계다. 이 연결이 성립되지 않으면 ESG는 계획 단계에서 정교해질수록 실행 단계에서 붕괴된다.

특히 ESG는 재무 정보와 달리, 사람의 해석·조직의 문화·의사소통 방식에 따라 정보의 품질이 크게 달라지는 영역이다. 지원 단계가 자원, 역량, 교육과 인식, 의사소통, 문서화된 정보를 요구하는 이유는,

ESG를 더 많이 실행하라는 의미가 아니라 판단 기준이 흔들리지 않도록 고정하라는 요구에 가깝다. 지원 체계가 정렬되지 않은 상태에서의 실행은 성과를 만들기보다 리스크를 확대한다.

이러한 관점에서 지원 단계는 PDCA 사이클의 'D(Do)'를 시작하는 단계이면서 동시에, 'P(Plan)' 단계에서 설정한 논리가 실제로 유지되는지를 시험하는 단계이다. 즉, 지원 단계는 계획과 실행을 잇는 단순한 연결 고리가 아니라, 경영시스템이 문서에서 조직의 행동으로 이행될 수 있는지를 판별하는 구조적 필터로 기능한다.

결과적으로 ESG가 일회성 프로젝트나 공시 대응 활동에 머무르지 않고, 경영시스템의 일부로 작동하기 위해서는 이 단계에서 요구하는 지원 구조가 선행되어야 한다. 자원 배분이 방침과 연결되고, 역량 설계가 리스크 판단과 연결되며, 교육과 인식이 목표 해석으로 이어지고, 의사소통과 문서화가 공시와 평가로 수렴될 때, ESG는 비로소 반복 가능한 경영 판단의 체계로 자리 잡는다.

이 지점에서 지원 단계는 ESG 실행의 출발점이 아니라, ESG 경영이 '가능한 상태'에 도달했는지를 보여 주는 기준점이라고 정리할 수 있다.

ESG를 '해야 할 일'이 아니라
'실행 가능한 상태'로 만드는 조건을 확정하다

지원 단계에서 요구하는 지원은 ESG를 보조하거나 뒷받침하는 단계가 아니다. 이 단계의 핵심은 리더십 단계에서 확정된 책임 구조와 기획 단계에서 설계된 목표·지표·리스크가 현실에서 작동할 수 있는 상태인지를 점검하는 데 있다. 다시 말해 지원 단계는 ESG를 '무엇을 할 것인가'의 문제에서 떼어 내, '그것을 실제로 할 수 있는 조건이 갖춰졌는가'라는 질문으로 전환한다.

이 단계에서 ESG는 계획의 문제가 아니라, 실행을 가능하게 하는 기반 조건의 문제로 재정의된다.

이 단계를 제대로 실행하지 못하면 ESG는 실행 이전에 이미 실패한다. 목표는 정교하지만 이를 이해하고 운용할 역량이 없고, 리스크는 식별되었지만 이를 판단할 정보 체계가 존재하지 않는다. 교육은 실시되지만 판단 기준과 연결되지 않고, 공시는 이루어지지만 데이터의 신뢰성과 일관성은 확보되지 않는다. 지원 단계는 이러한 형식화를 허용하지 않는다. ESG는 여기서부터 실행 가능한 상태로 전환되어야 한다.

즉, 지원 단계는 '할 의지가 있는가'를 묻지 않고, '할 수 있는 상태인가'를 묻는다.

이 관점에서 K-ESG의 ESG 정보공시 방식(P-1-1)은 단순한 공시 형식의 문제가 아니다. 이는 조직이 ESG 정보를 어떤 기준으로 수집·정리·전달할 역량을 갖추고 있는지를 확인하는 항목이다. 공시는 성과의 문제가 아니라, 판단과 실행을 가능하게 하는 정보 인프라의 문제이며, 지원 단계는 이를 지원 조건으로 다룬다.

정보가 구조화되지 않은 상태에서의 공시는 투명성을 높이기보다 판단을 왜곡할 위험을 내포한다.

사회 영역의 항목들은 ESG 실행 가능성의 인적 기반을 드러낸다. 신규채용 및 고용유지(S-2-1), 교육훈련비(S-2-4), 복리후생비(S-2-5), 장애인 고용률(S-3-3)은 성과 지표가 아니다. 이들은 조직이 ESG 목표를 이해하고 지속적으로 수행할 수 있는 인적 자원 구조를 유지하고 있는지를 보여 주는 지원 조건이다. 이러한 기반이 없는 상태에서의 ESG 목표는 선언에 머물 수밖에 없다.

이 단계는 인적 자원을 ESG 실행의 결과가 아니라, 실행을 가능하게 하는 전제 조건으로 위치시킨다.

협력사와 이해관계자 영역에서도 동일한 논리가 적용된다. 협력사 ESG 협약(S-6-3)은 공급망 관리의 실행 항목이 아니라, 조직이

ESG 기준을 외부 이해관계자에게 전달하고 공유할 수 있는 제도적 장치를 갖추고 있는지를 확인한다. 이는 운영 단계 이전에 반드시 확보되어야 할 지원 조건이다.

이러한 장치가 부재할 경우, 운영 단계에서의 ESG 요구는 일방적 통제로 인식될 가능성이 높다.

지배구조 영역의 항목들은 ESG 판단을 지속가능하게 만드는 전문성과 통제 역량을 점검한다. 사외이사 전문성(G-1-5)과 감사기구 전문성(G-5-2)은 이사회 구조의 문제가 아니라, ESG 판단이 형식적 승인에 그치지 않고 실질적 검토로 이어질 수 있는 역량을 갖추고 있는지를 묻는다. 주주총회 소집 공고(G-3-1), 주주총회 집중일 이외 개최(G-3-2), 집중/전자/서면 투표제(G-3-3)는 주주 참여의 형식을 넘어서, ESG 의사결정이 조직 내부에 고립되지 않고 이해관계자와 연결될 수 있는 소통 기반을 확보했는지를 보여 준다.

이는 ESG 판단이 폐쇄적 내부 결정이 아니라, 외부와 상호작용하는 구조 속에서 이루어지고 있음을 확인하는 장치다.

ESG를 실행 의지나 조직문화의 문제로 환원하는 접근은 지원 단계를 오해한 결과다. 이 단계가 묻는 것은 의지의 강도가 아니라, 역량·자원·정보·소통 구조가 실제로 갖춰져 있는지다. 지원 조건이 확보되지 않은 상태에서의 실행은 일시적 성과를 낼 수는 있어도, 지속적인 경영 활동으로는 정착될 수 없다.

지원 단계는 실행의 성패가 의지보다 조건에 의해 좌우된다는 점을 구조적으로 드러낸다.

따라서 이 단계에서의 K-ESG 연결은 실행을 보조하는 단계가 아니다. 이 장은 ESG를 실행 가능한 상태로 성숙시키는 관문이며, 이후 운영 단계에서 논의될 운영 기준이 형식이 아니라 실제 업무 규칙으로 작동할 수 있도록 만드는 전제 조건이다. 지원 단계를 제대로 구축 및 실행하지 못한 ESG는 운영 단계에 도달하기 전에 이미 구조적 한계를 드러낸다.

이 점에서 지원 단계는 계획과 운영 사이의 '완충 지대'가 아니라, 실행 가능성을 검증하는 필수 관문에 해당한다.

이 장의 핵심 정리

✓ 지원 단계는 ESG 실행을 돕는 보조 단계가 아니라, 판단과 실행이 단절되지 않도록 시스템을 고정하는 단계다.

✓ 자원, 역량, 정보, 의사소통이 구조화되지 않으면 ESG는 개인 역량이나 전담 조직의 노력에 의존하게 된다.

✓ 교육, 문서, 데이터는 형식 요건이 아니라 판단 기준과 책임을 조직 내부에 공유하기 위한 장치다.

✓ 이 단계가 부실할 경우 이후 운영 단계의 실행 품질은 구조적으로 제한될 수밖에 없다.

MEMO

제6장

운영:

ESG를 활동이 아닌 프로세스로 만들다

[운영의 의미와 ESG 실행의 전환점]

ISO 경영시스템 운영 단계는 PDCA 사이클에서 흔히 'D(Do)' 단계로 설명된다. 앞선 조직상황 단계에서 관리 대상을 정의하고, 리더십 단계에서 그 선택의 책임을 최고 의사결정 구조에 귀속시키며, 기획 단계에서 불확실성을 전제로 리스크와 목표를 설계하고, 지원 단계에서 이를 실행할 수 있는 자원과 역량을 확보하였다. 운영 단계는 이제 이 모든 준비가 실제 현장에서 작동하고 있는지를 확인하는 단계다.

그러나 운영 단계를 단순히 '계획을 실행하는 단계'로 이해하는 것은 경영시스템의 본질을 충분히 설명하지 못한다. 운영은 무엇을 얼마나 열심히 하느냐의 문제가 아니다. 운영의 핵심은 계획 단계에서 설정된 기준과 판단 논리가 현장에서 얼마나 안정적으로 반복되고

있는가에 있다. 다시 말해 운영 단계는 실행의 양이나 속도를 묻는
단계가 아니라, 판단의 일관성과 통제 가능성을 묻는 단계에 가깝다.

이 단계의 목적은 방침과 목표를 달성하기 위해 필요한 운영계획
과 통제활동을 수립하고, 프로세스 수행 중 발생할 수 있는 위험과
변화(변경)를 관리하여 일관된 성과를 확보하는 데 있다. 운영은 시
스템의 '실행 단계'이지만, 실행의 핵심은 '행동'이 아니라 계획된 절
차가 현장에서 일관되고 안전하게 수행되도록 통제하는 것이다. 운
영은 계획을 현실로 만드는 단계이며, 프로세스가 통제되지 않으면
시스템은 유지될 수 없다.

이 차이는 ESG 경영에서 특히 결정적인 의미를 갖는다. 환경, 안
전, 인권, 윤리, 투명성과 같은 ESG 요소들은 실행 의지가 있다고 해
서 자동으로 구현되지 않는다. 선언과 캠페인은 존재할 수 있으나,
그것이 운영 기준으로 전환되지 않는 한 현장에서는 기존의 가격·납
기·성과 중심 판단이 우선시된다. ESG는 '하려는 의지'의 문제가 아
니라, 운영 기준으로 전환되었는가의 문제이며, 운영 단계는 바로 이
전환이 실제로 이루어지고 있는지를 확인하는 지점이다.

앞선 기획 단계에서 설정된 목표 역시 이제는 전통적인 가격, 성
능, 납기와 같은 지표에만 머물지 않는다. 조직은 환경 영향 저감, 근
로자의 안전과 권리 보호, 공급망의 투명성, 정보의 신뢰성 등 복합
적인 ESG 목표를 동시에 설정한다. 문제는 이 목표들이 서로 충돌
할 가능성을 내포하고 있다는 점이다. 비용 절감과 환경 투자, 납기
압박과 안전 확보, 공급망 다변화와 인권 관리 요구는 운영 단계에서

언제든지 긴장 관계를 형성한다.

　운영 단계는 이러한 충돌을 '조정하라'고 요구하지 않는다. 대신 ISO 경영시스템은 어떤 기준을 우선 적용할 것인지가 운영 프로세스 안에 명확히 반영되어 있는지, 그리고 그 기준이 사람과 상황에 따라 흔들리지 않고 유지되는지를 요구한다. 즉, 운영은 개별 사안에 대한 즉흥적 판단이 아니라, 사전에 설계된 기준에 따라 판단이 자동적으로 수렴되는 구조를 의미한다.

　이 관점에서 보면 ISO 경영시스템의 목적은 제품이나 서비스가 단순히 '더 좋아지는 것'이 아니다. 경영시스템의 1차적 목적은 제품과 서비스의 산포를 줄이는 것, 즉 고객에게 전달되는 결과의 편차를 최소화하는 데 있다. 운영이 안정되면 조직은 자신이 제공하는 제품과 서비스의 정확한 수준을 파악할 수 있고, 그때 비로소 제한된 자원을 어디에 투입해야 효과가 극대화되는지 합리적으로 판단할 수 있다. ESG 경영 역시 동일한 메커니즘 위에서 작동한다.

　운영 단계는 이 메커니즘을 ESG 영역까지 확장한다. 환경 성과가 사람마다 다르게 해석되거나, 안전 기준이 상황에 따라 완화되거나, 인권 이슈가 거래 관계에 따라 무시된다면, ESG는 운영 단계에서 즉시 붕괴된다. 따라서 운영 단계는 ESG를 '추가로 해야 할 일'로 다루지 않고, 기존 운영 프로세스가 ESG 요구사항을 포함한 상태로 일관되게 작동하는지를 묻는다.

　또한 운영 단계에서 중요한 또 하나의 요소는 변경 가능성이다. ESG와 관련된 요구사항은 고정되어 있지 않으며, 법·규제, 사회적 기대, 이해관계자의 요구, 기술 수준의 변화에 따라 지속적으로 수정된다. ISO 경영시스템은 운영을 고정된 절차의 반복으로 보지 않는다. 오히려 변경이 어떻게 운영 기준에 반영되고, 그 영향이 어떻게 통제·관리되는지를 운영의 핵심 요소로 다룬다.

이때 운영은 단순한 생산 및 서비스 제공 행위를 넘어선다. 운영 단계에서 운영은 제품과 서비스를 어떻게 설계하고, 어떻게 만들고, 어떻게 공급하며, 그 과정에서 발생하는 ESG 요구사항을 어떻게 통제할 것인가에 대한 종합적 관리 단계다. 특히 외부 제공 프로세스, 즉 공급망이 포함되는 순간, 운영은 더 이상 조직 내부의 문제로 한정될 수 없다.

결국 운영 단계는 ESG 경영에서 하나의 분기점으로 기능한다. ESG가 전략과 기획의 언어에 머물 것인지, 아니면 현장의 운영 언어로 전환될 것인지를 가르는 지점이 바로 운영 단계다. 이러한 의미에서 운영 단계는 단순히 계획을 '실행하는 단계'가 아니라, 조직이 스스로 설정한 기준을 실제로 지킬 수 있는 조직인지 아닌지를 가르는 검증 구간에 해당한다. 동일한 목표와 방침을 가진 조직이라 하더라도, 운영 단계에서 기준이 일관되게 적용되지 않으면 ESG는 조직마다 전혀 다른 결과로 나타난다. 즉, 운영 단계는 ESG의 성과를 만드는 단계이기 이전에, ESG를 감당할 수 있는 조직인지를 드러내는 단계다. 앞선 단계들이 아무리 정교하더라도, 운영 단계에서 기준이 운영으로 전환되지 못하면 ESG는 선언과 공시에 머물게 된다.

이러한 맥락에서 이 단계는 ESG 경영의 '실행 단계'라기보다,

ESG가 실제 경영시스템으로 작동하기 시작하는 최초의 단계로 이해하는 것이 타당하다. 그리고 바로 이 운영 단계에서, ESG의 성패를 좌우하는 가장 중요한 영역으로 공급망 관리와 운영 책임 문제가 본격적으로 등장하게 된다.

[환경·사회 가치의 운영 관리]

운영 단계에서 가장 먼저 요구되는 것은 기준의 명확화다. 조직은 자사의 제품과 서비스를 어느 수준까지 제공할 것인지, 그리고 그 수준이 어떤 기준에 의해 정의되는지를 명확히 해야 한다. 이 기준에는 품질, 납기, 가격과 같은 전통적인 운영 지표뿐 아니라, 법적 요구사항, 환경 기준, 안전 기준, 인권 기준 등 ESG 관점의 요구사항이 함께 포함된다. 이러한 다양한 요구사항이 선언적 문구나 참고 사항으로 존재하는 것이 아니라, 실제 운영 기준으로 통합되어야 한다.

이때 운영 통제의 핵심은 '잘 지키고 있는가'의 문제가 아니라, '어디까지를 지켜야 하는지가 운영 기준으로 명확히 정의되어 있는가'에 있다. 기준이 명확하지 않으면 준수 여부를 판단할 수 없고, 판단할 수 없는 기준은 운영 통제의 대상이 될 수 없다.

운영 단계는 ESG 요구사항을 이상적 가치로 제시하라고 요구하지 않는다. 오히려 해당 요구사항이 운영 기준으로 구체화되어 있는지, 그리고 기준 이탈이 발생했을 때 이를 운영상의 문제로 인식하고 조정할 수 있는 구조가 마련되어 있는지를 묻는다. 중요한 점은 ESG 기준이 기존 기준을 대체하는 것이 아니라, 기존 운영 기준 위에 추가되는 관리 층위라는 사실이다. 제품의 성능이 일정하다는 것만으로는 충분하지 않고, 그 성능이 환경적으로 어떤 영향을 미쳤는지, 생산 과정에서 근로자의 안전과 권리가 어떻게 보호되었는지, 관련 정보가 투명하게 관리되고 있는지까지 함께 고려되어야 한다. 이때 ESG는 별도의 활동 영역이 아니라, 운영 기준의 일부로 편입된다.

경영시스템의 근본적인 목적은 단순히 제품과 서비스를 '더 좋게' 만드는 데 있지 않다. 핵심은 제품과 서비스의 산포를 줄이는 것, 즉 고객에게 전달되는 결과의 편차를 최소화하는 데 있다. 산포가 줄어들어야 조직은 자신이 실제로 제공하고 있는 제품과 서비스의 수준을 정확히 인식할 수 있으며, 그 위에서 한정된 자원을 어디에 투입해야 가장 큰 개선 효과를 얻을 수 있는지 합리적으로 판단할 수 있다. 이는 품질 관리의 기본 논리이자, 경영시스템이 작동하는 핵심 메커니즘이다.

ESG 관점에서도 동일한 논리가 적용된다. 환경 성과, 안전 성과, 근로 조건은 일부 현장의 노력이나 특정 담당자의 의지로 안정적으로 개선되지 않는다. 특정 공정에서 우수한 환경 성과가 나타나더라도, 다른 공정이나 협력사에서 기준이 달라진다면 전체 시스템 관점에서는 산포가 확대된다. ESG 역시 운영 기준으로 관리되어야 하며, 기준이 명확히 정의되고 반복 적용될 때에만 성과의 안정성이 확보된다.

이를 위해 운영 단계에서는 운영 프로세스가 계획된 기준에 따라 실제로 수행되고 있는지, 그리고 그 결과가 문서화된 정보로 유지·관리되고 있는지를 요구한다. ESG 실행이 개인의 선의나 일회성 활동에 의존할 경우, 성과는 우연적으로 나타날 수 있지만 지속될 수는 없다. 환경 기준이 지켜졌는지, 안전 절차가 준수되었는지, 근로 조건과 관련된 요구사항이 충족되었는지는 반드시 기록과 증거를 통해 확인 가능해야 한다.

환경 영역에서 이는 배출량 관리, 자원 사용, 폐기물 처리, 오염 방지와 같은 요소가 단순한 목표 설정에 그치지 않고, 운영 프로세스 안에서 어떻게 통제되고 있는지를 의미한다. 측정 기준은 무엇이며, 측정 주기는 어떻게 설정되어 있고, 기준을 벗어났을 때 어떤 조치가 이루어지는지가 운영 단계에서 명확히 규정되어야 한다. 이러한 구조가 부재한 상태에서는 환경 성과는 결과 보고에 머무를 뿐, 관리 대상이 되지 않는다.

사회 영역에서도 동일한 구조가 요구된다. 산업안전, 근로 조건, 인권 보호는 선언이나 교육만으로 확보되지 않는다. 위험 요소가 어떻게 식별되고, 현장에서 어떤 기준으로 판단되며, 문제가 발생했을 때 어떻게 보고·조치·기록되는지가 운영 프로세스로 설계되어 있어야 한다. 운영 단계의 관점에서 사회적 가치는 '잘하려는 의지'가 아

6.2 환경·사회 가치의 운영 관리

니라, 판단과 행동이 자동적으로 수렴되는 구조로 관리된다.

특히 ESG 요구사항은 시간이 지남에 따라 변화할 가능성이 크다. 법규 강화, 사회적 기대 변화, 이해관계자의 요구 증대는 운영 기준의 수정을 요구한다. 운영 단계는 이러한 변화를 예외 상황으로 보지 않는다. 오히려 변화 가능성을 전제로, 기준 변경이 어떻게 운영 프로세스에 반영되고, 그 영향이 어떻게 관리되는지를 운영 관리의 일부로 포함시킨다. 이때 운영은 고정된 절차가 아니라, 기준을 유지하면서도 변화에 대응할 수 있는 구조적 유연성을 갖추어야 한다.

결국 환경·사회 가치의 운영 관리는 ESG를 '추가로 해야 할 일'로 취급하지 않고, 기존 운영 시스템이 ESG 요구사항을 포함한 상태로 일관되게 작동하도록 만드는 과정이라 할 수 있다. 이 과정이 성공적으로 이루어질 때, ESG는 성과 보고나 공시를 위한 요소가 아니라, 제품과 서비스의 품질과 동일한 수준에서 관리되는 운영 기준으로 자리 잡는다.

이러한 운영 관리가 조직 내부에 안정적으로 정착되면, 다음 단계에서는 자연스럽게 질문이 확장된다. '이 기준은 조직 내부에서만 지켜지면 충분한가', 아니면 '외부에서 제공되는 프로세스, 즉 공급망까지 확장되어야 하는가' 하는 문제다. ESG 경영 환경에서 이 질문은 선택의 문제가 아니라 필연의 문제이며, 바로 이 지점에서 운영 단계의 논의는 공급망 ESG의 운영 책임으로 이어지게 된다.

[제품·서비스 설계와 ESG 요구사항의 내재화]

운영 단계에서 말하는 운영은 단순히 생산 활동을 수행하는 단계에 그치지 않는다. 이 단계가 다루는 운영에는 제품과 서비스를 어떤 방식으로 설계하고, 어떤 조건과 기준으로 제공할 것인지에 대한 운영 설계가 포함된다. 다시 말해, 운영 단계에서 운영은 '만드는 단계'이면서 동시에 '만들기 전에 이미 결정된 판단이 현실로 전환되는 단계'다.

운영 관점에서의 설계란 생산성이나 효율을 높이는 기술적 선택만을 의미하지 않는다. 설계 단계에서 누가 어떤 기준으로 판단하는지, 그리고 그 판단이 어떤 운영 정보와 기록으로 남는지가 함께 결정된다. 즉, 운영 설계는 실행 이전에 이미 '판단의 책임 구조'와 '통제 가능성'을 함께 결정하는 과정이다. 이 구조가 명확할수록 이후 운영 단계에서 발생하는 ESG 이슈는 예외 사건이 아니라 관리 가능한 편차로 전환된다.

이 지점에서 ESG 경영은 근본적인 전환을 요구한다. 과거 산업혁명 이후 형성된 전통적 설계 논리는 효율, 비용, 성능을 중심으로 구성되어 왔다. 동일한 기능을 더 싸게, 더 빠르게, 더 안정적으로 구현하는 것이 설계의 핵심 목적이었다. 이 구조에서는 설계 단계에서 고려해야 할 변수의 수가 비교적 제한적이었고, 대부분의 판단은 기술적·경제적 효율성으로 수렴되었다.

그러나 ESG 경영 환경에서는 이러한 설계 논리가 더 이상 충분하지 않다. 동일한 제품을 설계하더라도 이제는 그 제품이 어떤 환경 영향을 수반하는지, 사용 과정에서 안전상 문제는 없는지, 원재료와 부품이 어떤 노동·인권 조건에서 조달되었는지, 관련 정보가 얼마나 투명하게 추적·설명 가능한지까지 함께 고려해야 한다. 이는 설계 단계에서 다뤄야 할 판단 요소가 근본적으로 확장되었음을 의미한다.

이 변화의 본질은 단순히 '고려할 항목이 늘어났다'는 데 있지 않다. 설계 단계에서 ESG 요구사항을 반영하지 않은 제품과 서비스는, 이후 운영 단계에서 아무리 관리하려 해도 구조적인 한계를 가질 수밖에 없다. 환경 영향을 줄이기 위한 공정 개선, 안전 문제에 대한 사후 대응, 공급망 리스크에 대한 통제는 설계 단계에서 이미 결정된 선택의 범위 안에서만 가능하기 때문이다.

따라서 ESG 관점에서의 운영 설계는, ESG를 추가적으로 고려하는 문제가 아니라 기존의 운영 기준과 판단 논리를 재정의하는 문제

제6장 운영: ESG를 활동이 아닌 프로세스로 만들다

에 가깝다. 여기서 설계란 단순히 제품의 형태나 사양을 정하는 행위가 아니라, 조직이 어떤 기준으로 서비스를 제공하고, 어떤 조건에서 의사결정을 반복하며, 어떤 리스크를 사전에 감내하거나 배제할 것인지를 구조적으로 정하는 판단 행위다.

다시 말해, 설계는 실행 이전에 이미 '어디까지를 허용하고, 어디부터를 통제할 것인가'를 결정하는 과정이며, 운영 단계는 이 판단이 현장에서 일관되게 구현되는지를 확인하는 단계에 해당한다.

이 지점에서 ESG 리더십의 유무는 결정적인 차이를 만든다. ESG 요구사항이 설계 단계에 반영되기 위해서는 추가적인 검토 시간, 추가적인 데이터, 추가적인 전문성, 그리고 추가적인 비용이 필요하다. ESG 리더십이 없는 조직에서는 이러한 자원이 설계 단계에 배정되지 않으며, 결과적으로 ESG 관점의 제품과 서비스는 원천적으로 구현되기 어렵다. 이 경우 ESG는 운영 단계에서 관리해야 할 부담으로 전가되고, 설계의 한계를 사후적으로 보완하려는 비효율적인 대응이 반복된다.

이러한 관점에서 운영 성과는 결코 운영 단계에서만 결정되지 않는다. 앞선 단계에서 제품과 서비스에 ESG 요구사항이 얼마나 내재화될 수 있는지는, 책임 구조와 리더십 선택, 리스크와 목표 설계, 자원과 역량 투입 결정에서 사실상 결정되어 있다. 운영 단계는 이 모든 선택의 결과가 실제 제품과 서비스에 어떻게 구현되었는지를 확인하는 단계에 가깝다. 즉, ISO 경영시스템의 각 단계는 순차적으로 분리되어 작동하는 것이 아니라, 앞선 판단과 선택이 뒤의 운영 결과

6.3 제품·서비스 설계와 ESG 요구사항의 내재화

로 누적·반영되는 상호작용 구조로 이해되어야 한다.

결국 제품·서비스 설계에 ESG 요구사항을 내재화하는 것은 '윤리적 선택'의 문제가 아니라, 운영 단계에서의 실패를 예방하기 위한 구조적 선택이다. 이 점에서 설계 단계는 ESG 관점의 '사전 운영 통제'로 기능한다. 설계 단계에서 허용된 선택의 범위는 이후 운영 단계에서 발생할 수 있는 모든 ESG 이슈의 상한과 하한을 사실상 결정한다. 설계 단계에서 고려되지 않은 환경 영향이나 인권 리스크는 운영 단계에서 발견되더라도 구조적으로 완전한 통제가 불가능한 경우가 많다. 따라서 ESG 설계 내재화는 가치 판단의 문제가 아니라, 향후 운영 리스크의 크기와 관리 비용을 결정하는 전략적 판단에 가깝다. 설계 단계에서 ESG를 반영하지 않은 조직은 운영과 공급망 단계에서 반복적으로 통제 비용을 지불하게 되며, 반대로 설계 단계에서 ESG를 내재화한 조직은 이후 운영과 공급망 관리에서 훨씬 안정적인 판단과 통제를 가능하게 한다.

이러한 설계 내재화가 이루어질 때, ESG는 더 이상 내부 운영의 문제에 머무르지 않는다. 제품과 서비스가 외부로 제공되는 순간, 그 설계 기준은 자연스럽게 공급망 전반으로 확장되며, 이 지점에서 운영 단계의 논의는 공급망 ESG의 운영 책임으로 필연적으로 이어지게 된다.

[공급망 ESG의 운영 책임]

운영 단계는 경영시스템의 'D(Do)' 단계로 분류되지만, 그 의미는 단순한 실행 착수가 아니다.

이 단계가 다루는 핵심은 계획 단계에서 설계된 기준과 논리가 실제 운영 과정에서 어떻게 구현되고, 그 구현이 얼마나 안정적으로 반복되는가에 있다. 이때 가장 구조적인 변화가 발생하는 영역이 바로 공급망이다.

운영 단계는 외부 제공 프로세스를 내부 운영과 분리된 영역으로 보지 않는다. 외주, 협력사, 공급업체 역시 동일한 운영 논리와 통제 원칙 아래에서 관리되어야 할 대상으로 본다. 즉, 내부 공정에 적용되는 기준이 공급망에서도 동일하게 적용되지 않는다면, 그 기준은 운영 기준으로서의 실질을 갖기 어렵다.

전통적인 경영에서 공급망은 주로 구매·조달의 문제로 인식되어 왔다. 납기 준수, 가격 경쟁력, 품질 안정성은 공급업체를 평가하는 핵심 기준이었고, 외부 제공 프로세스는 내부 운영과 일정 수준 분리된 영역으로 관리되었다. ISO 경영시스템에서도 외부 제공 프로세스는 통제 대상이었지만, 그 초점은 주로 제품과 서비스의 품질 일관성에 맞춰져 있었다.

그러나 ESG 경영 환경에서는 이 전제가 더 이상 유지되지 않는다. 이제 제품과 서비스의 품질이 일정하다는 사실만으로는 충분하지 않다. 동일한 품질의 제품이라 하더라도 어떤 원자재를 사용했는지, 어떤 노동 환경에서 생산되었는지, 어떤 환경 영향을 수반했는지, 그리고 그 정보가 얼마나 투명하게 추적·검증 가능한지가 동시에 관리 대상이 된다. 이 순간 공급망은 더 이상 외부조달이 아니라, 조직의 핵심 운영 프로세스로 전환된다.

이러한 전환을 가장 직접적으로 촉발한 요인은 Scope 2·3에 대한 이해관계자의 요구 확대다.

오늘날 투자자, 글로벌 고객사, 규제기관은 기업의 직접 배출(Scope 1)에 한정된 관리가 아니라, 에너지 사용에 따른 간접 배출(Scope 2)과 원자재 조달·외주 생산·물류·제품 사용 및 폐기 단계에서 발생하는 기타 간접 배출(Scope 3)까지 포함한 전 과정 관리 여부를 묻고 있다.

특히 다수의 산업에서 전체 탄소 배출의 상당 부분이 Scope 3에서 발생한다는 점에서, Scope 2·3가 제외된 탄소중립 목표는 실질적인 의미를 갖기 어렵다. 관리되지 않는 영역을 제외한 목표는 검증이 불가능하며, 이해관계자의 신뢰를 확보할 수도 없다. 더욱이 최근의 주요 ESG 공시 기준과 글로벌 보고 프레임워크는 Scope 3 배출에 대한 정보 공개를 요구하거나, 최소한 중대한 배출 항목으로 식별·설명할 것을 명시하고 있다. 이로 인해 공급망은 더 이상 비용이나 효율의 문제가 아니라, 탄소중립의 실질성과 ESG 신뢰성을 좌우하는 운영 핵심 영역으로 자리 잡게 되었다.

이 지점에서 ESG는 전략의 문제가 아니라 운영 책임의 문제로 전환된다.

조직이 Scope 2·3 정보를 확보·검증·관리할 수 있는 구조를 갖추지 못한 상태에서는 ESG 목표는 선언에 머물 수밖에 없고, 그 선언은 곧 리스크로 전환된다. 운영 단계는 바로 이 지점에서 공급망을 선택의 영역이 아니라, 반드시 통제되어야 할 운영 책임의 영역으로 끌어들인다.

운영 단계 관점에서 이는 매우 중요한 전환이다. ISO 경영시스템은 운영을 '무엇을 어떻게 수행할 것인가'의 문제로 다루며, 그 수행 과정에서 요구사항이 충족되고 있는지를 통제할 것을 요구한다. ESG가 반영된 공급망에서는 이 요구사항이 가격·납기·성능을 넘어 환경, 인권, 안전, 윤리, 투명성까지 확장된다. 즉, 공급망은 ESG 요구사항이 실제로 구현되는 첫 번째 운영 현장이 된다.

이러한 변화는 자원의 문제와도 직결된다. ESG가 반영된 제품과 서비스를 설계하고 운영하기 위해서는 기존보다 더 많은 정보, 더 많은 검증, 더 많은 관리 인력이 필요하다. 이는 지원 단계에서 이미 결정된 자원 투입의 결과가 운영 단계에서 현실화되는 지점이다. ESG 리더십이 부재한 조직에서는 이 추가 자원이 확보되지 않으며, 그 결과 ESG를 고려한 공급망 운영은 구조적으로 불가능해진다.

공급망 운영 전환의 핵심은 기준의 명확화와 통제의 일관성이다. 조직은 먼저 '우리 제품과 서비스가 어느 수준까지 ESG 요구사항을 충족해야 하는가'라는 운영 기준을 설정해야 한다. 이 기준은 선언이 아니라, 실제 거래·조달·계약·개선 요구로 이어지는 운영 기준이다. 그 기준을 충족하기 위해 어떤 공급업체를 선택할 것인지, 어떤 정보를 요구할 것인지, 어떤 경우에 거래를 중단하거나 개선을 요구할 것인지가 운영 프로세스로 구체화되어야 한다.

운영 단계가 요구하는 운영 통제는 바로 이 지점에서 작동한다. 공급망 프로세스는 계획된 기준에 따라 수행되고 있는지, 요구사항이 충족되고 있는지, 변경 사항이 발생했을 때 어떻게 관리되는지가 문서화된 정보로 유지되어야 한다. ESG 관점의 요구사항은 언제든지 변경될 수 있으며, 규제·사회적 기대·시장 요구 변화에 따라 기준 역시 조정되어야 한다. 이 단계는 이러한 변화를 전제로 한 운영 관리 구조를 요구한다.

결국 ESG 공급망은 '착한 기업이 되기 위한 선택'의 문제가 아니라, 운영 통제 범위가 확장된 결과다. 외부 제공 프로세스를 통제하지 못하는 조직은 ESG를 운영 단계에서 실현할 수 없으며, 이 지점에서 운영 단계는 ESG 경영의 성패를 가르는 핵심 단계로 기능한다.

그리고 이러한 운영 책임의 확대는 더 이상 선언이나 자율 규범에 의해 이루어지지 않는다. 오늘날 공급망 ESG는 시장과 규제를 통해 데이터와 실사라는 형식으로 강제되고 있으며, 이 책임을 어떻게 입증하고 방어할 것인가의 문제로 귀결된다. 이 지점에서 배터리 여권과 EU 공급망 실사지침(CSDDD)은 운영 단계에서 요구하는 운영 통제가 실제로 어떻게 제도화되고 있는지를 가장 집약적으로 보여주는 사례라 할 수 있다.

[데이터와 실사로 강제된 공급망 운영 책임]

ESG 공급망 관리가 단순한 권고나 자율적 노력의 영역에 머물렀던 시기는 이미 끝났다. 오늘날 공급망 ESG는 데이터와 실사를 통해 운영 책임이 강제되는 단계로 진입하고 있다. 이 전환을 가장 명확하게 보여 주는 제도가 바로 배터리 여권(Battery Passport)과 EU 공급망 실사지침(CSDDD)이다.

배터리 여권은 흔히 디지털 인증이나 QR 코드 기반 정보 제공 시스템으로 이해되지만, 운영 단계 관점에서 보면 그 본질은 전혀 다르다. 배터리 여권이 요구하는 것은 단순한 정보 공개가 아니라, 제품 단위로 ESG 관련 데이터를 식별·추적·검증할 수 있는 운영 체계다. 원재료 출처, 탄소 배출량, 재활용 가능성, 생산 공정 정보는 일회성 보고로 생성될 수 있는 정보가 아니다. 이 정보는 설계, 조달, 생산,

물류, 판매 전 과정에서 지속적으로 관리되어야 한다.

이는 공급망 운영을 데이터 거버넌스의 문제로 전환시킨다. 어떤 데이터를 수집할 것인지, 데이터의 정의는 무엇인지, 누가 책임지는지, 변경이 발생했을 때 어떻게 관리하는지가 명확히 설계되지 않으면 배터리 여권은 운영 불가능한 제도가 된다. 운영 단계는 바로 이 데이터 기반 운영을 가능하게 하는 프로세스 관리와 문서화된 정보 유지 요구를 통해, 배터리 여권을 선언이 아닌 운영 문제로 위치시킨다.

CSDDD는 이보다 더 직접적으로 기업의 운영 책임을 요구한다. CSDDD는 인권·환경 리스크를 단순히 인식하거나 보고하는 것을 넘어, 식별-예방-완화-시정-모니터링의 전 과정을 기업의 의무로 규정한다. 특히 중요한 점은, 이 책임이 1차 협력사에 국한되지 않고 공급망 전반으로 확장된다는 점이다. 이는 기업이 '알 수 없었다'는 이유로 책임을 회피할 수 없음을 의미한다.

운영 단계 관점에서 CSDDD는 실사를 감사나 평가가 아니라 상시 운영 프로세스로 요구한다. 실사는 특정 시점에 한 번 수행하는 활동이 아니라, 공급망 운영 과정에 내재화되어 반복 수행되어야 한다. 위험 징후가 어떻게 포착되는지, 그 정보가 어디로 전달되는지, 어떤 기준으로 대응이 결정되는지, 그 결과가 어떻게 기록되고 추적되는지가 운영 체계로 존재해야 한다.

배터리 여권과 CSDDD가 결합될 때, 공급망 ESG는 명확한 방향으로 수렴한다. 공급망은 데이터로 추적되고, 실사는 증거로 방어되는 구조로 전환된다. 이는 곧 운영 단계에서 요구하는 운영 통제의 전형적인 형태다. 요구사항이 정의되고, 그 요구사항을 충족하기 위한 프로세스가 수행되며, 수행 결과가 문서화된 정보로 유지되고, 변경과 부적합이 관리되는 구조다.

이 구조가 갖춰지지 않은 조직에서 ESG 공급망은 언제든 리스크로 전환된다. 데이터가 부정확하면 공시는 그 자체로 위험이 되고, 실사가 형식에 머물면 법적 책임이 발생한다. 반대로 경영시스템의 운영 체계가 구축된 조직에서는, 배터리 여권과 CSDDD가 추가 부담이 아니라 기존 경영시스템의 자연스러운 확장으로 흡수된다.

결국 이 두 제도는 새로운 ESG 요구사항이라기보다, 공급망을 운영 프로세스로 관리하지 않는 조직은 시장에 접근할 수 없다는 신호에 가깝다. 운영 단계는 이 신호를 경영시스템의 언어로 번역해 주는 단계이며, ESG 공급망 운영의 실질적 기준점으로 기능한다.

[식별·추적성, 사후관리와 운영 통제]

ESG가 운영 단계에서 실질적으로 작동하기 위해서는 제품과 서비스의 식별 및 추적성이 전제되어야 한다. 조직은 제품과 서비스가 설계·조달·생산·유통·사용·폐기에 이르기까지, 각 단계에서 어떤 요구사항이 적용되었고 그 요구사항이 충족되고 있는지를 식별할 수 있어야 하며, 그 상태를 정보로 유지·제공할 수 있어야 한다.

이때 관리 대상이 되는 정보는 단순히 제품 자체에 한정되지 않는다. 원자재 출처, 성분 구성, 제조 이력과 같은 직접적인 정보뿐 아니라, 아동 노동 여부, 환경 훼손 가능성, 탄소 발생량, 안전 리스크와 같은 간접적인 ESG 정보 역시 식별·추적의 대상이 된다. 이러한 정보가 운영 단계에서 체계적으로 관리되지 않는다면, ESG는 계획이나 선언 수준을 넘어설 수 없다.

운영 단계는 여기서 한 단계 더 나아가, 제품과 서비스가 고객에게 제공된 이후의 단계까지를 운영 범위로 포함한다. 이는 ESG가 단기 성과가 아니라 지속적인 책임 구조임을 전제하기 때문이다. 고객 인도 이후 발생하는 요구사항 변화, 사용 중 문제, 환경·안전 관련 이슈는 모두 운영 통제의 대상이며, 이 단계에서 조직의 대응 방식이 ESG의 신뢰성을 좌우한다.

특히 중요한 것은 의도하지 않은 부적합의 관리다. ESG 관점의 부적합은 불량 제품이나 규격 미달에 국한되지 않는다. 잘못된 원산지 정보, 누락된 탄소 데이터, 공급망 인권 리스크의 사후 발견 등도 모두 ESG 부적합에 해당한다. 운영 단계는 이러한 부적합이 발생했을 때 이를 은폐하거나 사후 보고로 정리하는 것이 아니라, 원인을 분석하고 시정조치를 통해 재발을 방지할 것을 요구한다.

이 과정에서 변경관리는 핵심적인 운영 통제 요소로 작동한다. ESG 요구사항은 고정된 기준이 아니라 규제, 시장, 사회적 기대에 따라 지속적으로 변화한다. 요구사항이 변경될 경우, 기존에 설정된 운영 기준·설계·공급망 관리 방식도 함께 조정되어야 한다. 변경이 발생했음에도 운영 기준이 그대로 유지된다면, 조직은 의도치 않게 ESG 부적합을 양산하게 된다.

따라서 운영 단계에서의 변경관리란 단순한 절차적 승인 문제가 아니라, '이 변화가 ESG 요구사항 충족 구조에 어떤 영향을 미치는가'를 운영 차원에서 재검토하는 과정이다. 변경의 영향이 평가되고, 관련 정보가 갱신되며, 필요시 시정조치가 수행되고, 그 결과가 다시 추적 가능한 정보로 남는 구조가 구축되어야 한다.

결국 식별·추적성, 사후관리, 변경관리, 부적합 및 시정조치는 각각 독립된 요구사항이 아니라, ESG 운영 신뢰성을 유지하기 위한 하나의 통합된 통제 메커니즘으로 작동한다. 이 구조가 부재한 조직에서 ESG는 언제든 예외와 오류 앞에서 붕괴될 수밖에 없다.

[정보보호와 운영 리스크 관리]

운영 단계에서 생성·축적되는 ESG 정보는 그 자체로 중요한 경영 자산이자 리스크 요인이다. 환경 데이터, 안전 기록, 인권 관련 정보, 공급망 실사 결과는 단순한 참고 자료가 아니라, 기업의 ESG 성과를 입증하고 방어하는 핵심 근거로 기능한다.

이러한 정보가 훼손되거나 누락되거나 왜곡될 경우, ESG 성과는 실제와 다르게 인식되고, 이는 곧 법적·평판적·재무적 리스크로 전환된다. 따라서 정보보호는 IT 보안이나 시스템 관리의 문제가 아니라, 운영 신뢰성 관리의 핵심 요소로 이해되어야 한다.

운영 단계에서 정보보호는 두 가지 상충하는 요구를 동시에 충족해야 한다.

첫째, ESG 정보는 외부 위협이나 내부 오남용으로부터 보호되어야 한다.

둘째, 동시에 그 정보는 필요시 검증 가능해야 하며, 변경 이력과 책임 소재가 명확해야 한다. 보호만 되고 검증되지 않는 정보, 또는 공개되었지만 신뢰할 수 없는 정보는 모두 운영 리스크를 증폭시킨다.

운영 과정에서 발생하는 정보 리스크는 대부분 사후에 문제가 드러난다. 데이터 수집 기준이 불명확했거나, 변경 사항이 반영되지 않았거나, 부적합 발생 이력이 관리되지 않은 경우, ESG 공시나 실사 과정에서 그 취약점이 한꺼번에 노출된다. 따라서 이러한 사후 리스크를 예방하기 위해, 운영 단계에서는 정보의 생성·변경·보관·제공전 과정을 운영 통제의 대상으로 명확히 관리한다.

결국 운영 단계에서의 정보보호와 운영 리스크 관리는 ESG를 '잘하고 있다'는 인상을 관리하는 문제가 아니라, 문제가 발생했을 때 조직이 이를 설명하고 방어할 수 있는 구조를 갖추고 있는가의 문제다. 정보가 보호되지 않거나, 검증되지 않거나, 변경 이력이 추적되지 않는다면 운영 통제는 즉시 무력화된다. 통제가 무너지면 경영시스템은 유지될 수 없으며, ESG 역시 성과가 아닌 리스크로 전환된다. 이 구조가 없는 조직에서 ESG 정보는 자산이 아니라 잠재적 리스크로 작용하며, 반대로 체계적인 운영 통제가 구축된 조직에서는 ESG 정보가 경쟁력과 신뢰의 기반으로 전환된다.

종합하면 운영 단계는 ESG를 '하느냐 마느냐'의 선택 문제가 아니라, 어떤 기준으로, 어떤 방식으로, 얼마나 일관되게 실행하고 있는가의 문제로 전환시킨다. 이러한 구조가 갖춰질 때에만, 운영 단계에서 발생한 활동과 결과를 성과로 해석할 수 있는 최소한의 조건이 성립한다. 다시 말해, 운영 단계는 성과를 '만드는 단계'라기보다, 성과를 평가할 수 있는 상태를 먼저 만드는 단계에 가깝다. 운영 단계에서 ESG는 더 이상 선언이나 계획에 머무르지 않는다. 제품과 서비스의 설계와 제공, 공급망 관리, 데이터의 생성과 관리, 사후 대응과 책임 구조 전반에 스며들어, 조직의 일상적인 운영 논리로 작동하게 된다.

그러나 실행 그 자체만으로 ESG 경영이 완성되는 것은 아니다. 이제 남는 질문은 명확하다. 이러한 운영이 실제로 효과를 내고 있는가, 그리고 그 효과가 일관되게 유지되고 있는가이다. ISO 경영시스템은 이 질문에 답하기 위해, 실행 다음 단계로 성과를 측정하고 평가하는 구조를 요구한다. 즉, 운영 단계에서 실행된 ESG가 경영 성과와 리스크 관리로 어떻게 연결되고 있는지를 검증하는 단계, 바로 성과평가 단계에 대한 논의로 자연스럽게 이어지게 된다.

ESG를 '계획된 관리 대상'에서 '실제 업무 기준'으로 전환하다

운영 단계에서의 운영은 ESG 활동을 실행하라는 의미가 아니다. 이 단계의 핵심은 리더십 단계에서 확정된 판단 구조와 기획 단계에서 설계된 목표·리스크, 지원 단계에서 확보된 자원과 역량이 일상적인 업무 과정 속에서 실제 기준으로 작동하고 있는지를 확인하는 데 있다. 운영 단계는 ESG를 프로젝트나 캠페인에서 분리하여, 조직의 반복적 업무 규칙으로 고정한다.

이 단계에서 ESG는 '추가적으로 수행하는 일'이 아니라, 기존 업무를 수행하는 방식 그 자체로 전환된다.

운영 단계가 제대로 작동하지 않으면 ESG는 계획과 실행 사이에서 붕괴된다. 목표와 지표는 존재하지만 현장의 의사결정 기준에는 반영되지 않고, 리스크는 인식되지만 운영 절차에는 연결되지 않는다. ESG는 여기서부터 업무 수행의 전제 조건으로 작동해야 한다.

즉, 운영 단계는 ESG가 예외 규칙이 아니라 기본 규칙으로 작동하는지를 묻는 단계다.

환경 영역의 항목들은 운영 단계의 성격을 가장 직접적으로 보여 준다. 원부자재 사용량(E-2-1), 에너지 사용량(E-4-1), 용수 사용량(E-5-1), 폐기물 배출량(E-6-1)은 성과를 보고하기 위한 수치가 아니다. 이 항목들은 조직의 생산·조달·운영 과정에서 어떤 자원이 기준으로 관리되고 있는지를 보여 주는 운영 지표다.

이 수치들은 성과의 결과라기보다, 운영 과정이 사전에 정의된 기준에 따라 통제되고 있음을 보여 주는 증거에 가깝다.

친환경 인증 제품 및 서비스 비율(E-9-1) 역시 마찬가지다. 이는 신사업이나 마케팅 전략을 의미하지 않는다. 이 항목은 제품과 서비스의 기획·설계·공급 과정에서 환경 기준이 선택 사항이 아니라 기본 요건으로 작동하고 있는지를 묻는 운영 지표다. 즉, 친환경성은 '추가된 가치'가 아니라, 운영 기준이 정상적으로 작동한 결과로 해석되어야 한다.

기후변화 물리적 리스크 및 대응 방안(E-10-3), 기후변화 전환 리스크 및 대응 방안(E-10-4) 역시 전략 선언의 문제가 아니다. 이 항목들은 기후 리스크가 실제 운영 과정에서 공정 변경, 설비 운영, 공급망 선택과 같은 구체적 의사결정에 반영되고 있는지를 확인한다. 산림 보호 활동(E-11-3) 또한 사회공헌 활동이 아니라, 조직의 운영이 자연자본에 미치는 영향을 일상적 운영 기준으로 통제하고 있는지를 보여 주는 요소다.

이때 중요한 것은 활동의 존재가 아니라, 리스크가 운영 판단에 내재화되어 있는지 여부다.

사회 영역에서 운영 단계의 핵심은 사회적 책임이 일회성 대응이나 선언이 아니라, 거래·제공·관리 과정의 기본 조건으로 작동하고 있는지를 확인하는 데 있다.

협력사 ESG 지원(S-6-2)은 정책이나 협약의 존재를 묻는 항목이 아니다. 이는 ESG 기준이 실제 거래 조건, 협력사 평가, 계약 유지 여부 등 공급망 운영 기준에 반영되고 있는지를 확인하는 운영 항목이다. 운영 단계에서의 협력사 ESG는 '요구'가 아니라, 거래 구조 안에 내재화된 기준이어야 한다.

구성원 봉사참여(S-7-2) 역시 운영 단계의 성격을 분명히 보여 주는 사회 영역 항목이다. 이 항목은 사회공헌의 규모나 성과를 평가하기 위한 것이 아니라, 조직이 구성원의 자발적 사회 참여를 지속적으로 가능하게 하는 운영 제도를 갖추고 있는지를 묻는다. 봉사활동이 특정 시기의 캠페인이나 이벤트에 그치지 않고, 근무 제도, 시간 인정, 참여 방식 등의 운영 기준 속에 반영되어 반복적으로 이루어지고 있는지가 핵심이다. 즉, 사회공헌이 개인의 선의에만 의존하지 않고, 조직의 일상적 운영 구조 안에 내재화되어 있는지를 확인하는 항목으로 해석되어야 한다.

이 지점에서 사회적 책임은 '잘하면 좋은 가치'가 아니라, 운영 기준으로 일상화되어야 할 관리 조건으로 전환된다.

운영 단계에서 중요한 또 하나의 요소는 변경 가능성의 관리다.

ESG와 관련된 요구사항은 고정되어 있지 않다. 법·규제, 사회적 기대, 이해관계자의 요구, 기술 수준 변화에 따라 운영 기준은 지속적으로 수정된다. 운영을 고정된 절차로 보는 것이 아니라, 변경이 어떻게 운영 기준에 반영되고 그 영향이 어떻게 관리되는지를 운영의 핵심 요소로 보는 이유가 여기에 있다.

운영 단계는 ESG를 실적 관리나 이벤트성 활동으로 다루는 접근을 허용하지 않는다. 이 단계에서 중요한 것은 성과의 크기가 아니라, 업무 수행 과정에서 ESG 기준이 반복적으로 적용되고, 일탈과 변경이 관리되고 있는지 여부다. 이 단계에서 ESG가 예외 규칙으로 취급되는 순간, 이전 단계에서 설계된 모든 기획과 지원은 의미를 잃는다.

따라서 운영 단계에서의 K-ESG 연결은 실행 결과를 나열하는 단계가 아니다. 이 장은 ESG를 조직의 일상적 의사결정과 업무 수행을 지배하는 규칙으로 고정하는 단계다. 여기서 ESG가 운영 기준으로 정착되어야만, 이후 성과평가 단계와 개선 단계가 실질적인 경영 관리로 이어질 수 있다.

ESG는 운영 단계를 통해 비로소 '계획된 가치'가 아니라 '실제로 하고 있는 일'이 된다.

이 장의 핵심 정리

✓ 운영 단계는 ESG가 선언이나 계획이 아니라 실제 경영 활동 속에서 작동하는지를 검증하는 단계다.

✓ ESG는 별도의 활동이 아니라 기존 운영 기준과 동일한 수준에서 의사결정에 반영되어야 한다.

✓ 공급망과 외주, Scope 2·3가 통제 범위 밖에 놓일 경우 ESG 목표는 구조적으로 달성될 수 없다.

✓ 이 단계에서의 실행 품질은 이전 단계의 기획과 지원의 실효성을 그대로 드러낸다.

제7장

성과평가:
ESG를 측정하고 검증하다

[성과평가의 의미와 PDCA 사이클의 복원]

많은 조직에서 경영시스템이 일정 수준에서 정체되는 가장 근본적인 이유는, 계획(Plan)과 실행(Do)은 반복되지만 성과평가(Check)가 실질적으로 작동하지 않기 때문이다. 목표는 수립되고 실행도 이루어지지만, 그 결과가 체계적으로 측정·분석·검증되지 않으면서 조직은 '열심히 하고 있다'는 감각만을 유지한 채 같은 수준의 활동을 반복한다. PDCA 사이클이 순환하지 못하고 P-D 단계에서 멈춰 있는 상태, 즉 경영시스템의 정체 현상이 발생하는 것이다.

ISO 경영시스템에서 성과평가 단계는 단순히 실행 결과를 확인하는 절차가 아니다. 성과평가는 계획과 실행을 다시 기획으로 되돌려 보내는 환류 메커니즘이자 경영시스템의 자가 인식 장치다. 무엇이 의도대로 작동하고 있는지, 무엇이 기대에 미치지 못했는지, 그리고 그 차이가 발생한 구조적 원인이 무엇인지를 드러내지 못하면 개선은 불가능하다. 개선이 불가능한 경영시스템은 반복은 할 수 있을지 몰라도, 발전과 지속가능성은 확보할 수 없다.

이 지점에서 성과평가는 단순한 관리 기법을 넘어선다. 성과평가는 조직이 스스로를 객관적으로 인식할 수 있는 유일한 장치다. 자신을 정확히 인식하지 못하는 조직은 전략을 수정할 수 없고, 자원을 재배분할 근거도 가질 수 없다. 성과평가 단계는 바로 이 인식의 전환을 구조적으로 요구하는 단계이다.

특히 ESG 경영에서는 이 문제가 더욱 선명하게 드러난다. ESG는 선언이나 의지의 문제가 아니라, 변화가 실제로 일어나고 있는지를 확인할 수 있는가의 문제다. 환경 성과가 실제로 개선되고 있는지, 안전 관리가 위험을 얼마나 줄이고 있는지, 인권과 사회적 책임이 운영 과정에서 얼마나 실질적으로 반영되고 있는지는 측정되지 않으면 판단할 수 없다. ESG 영역에서 '잘하고 있는 것 같다'는 인상은 거의 항상 착시다.

성과평가 없이 이루어지는 직관적 개선은 오히려 위험하다. 문제의 위치와 원인이 확인되지 않은 상태에서 이루어지는 개선은 자원을 낭비하고, 잘못된 대응을 운영 관행으로 고착시킬 가능성이 있다. ESG 경영에서 이러한 직관적 접근은 특히 치명적이다. 환경 투자가 실제 감축으로 이어지는지, 안전 교육이 사고 감소로 연결되는지, 공급망 관리가 리스크 감소에 기여하는지에 대한 검증 없이 이루어지는 활동은, 시간이 지날수록 비용과 피로도만 누적시킨다.

지속가능 경영의 관점에서 보면, 성과평가는 단기 성과를 평가하기 위한 도구가 아니다. 성과평가는 조직이 장기적으로 어떤 방향으로 이동하고 있는지를 확인하는 나침반에 가깝다. 지속가능성은 한 해의 성과로 판단할 수 없으며, 추세와 구조의 변화를 통해서만 확인할 수 있다. 성과평가는 바로 이 추세를 읽기 위한 구조다.

이 점에서 ESG 성과평가는 재무 성과평가와 본질적으로 다르다. 재무 성과는 비교적 짧은 주기로 명확한 결과가 나타나지만, ESG 성과는 시간차를 두고 나타나는 경우가 많다. 환경 개선, 안전 문화 정착, 인권 리스크 감소는 즉각적인 수치 변화보다 운영 방식의 변화로 먼저 드러난다. 성과평가가 이러한 변화를 포착하지 못하면, 조직은 ESG를 '성과가 보이지 않는 비용'으로 오해하게 된다.

성과평가 단계는 이러한 오해를 방지하기 위해 존재한다. 성과평가는 ESG를 비용이나 규제 대응이 아니라, 경영시스템이 실제로 성숙해지고 있는지를 보여 주는 증거로 전환시키는 단계다. 이러한 관점에서 성과평가는 '성과를 판단하는 단계'이기 이전에, 판단 기준 자체가 적절했는지를 점검하는 단계로 이해할 수 있다. 계획 단계에서 설정된 목표와 지표가 현실의 운영 조건과 부합했는지, 실행 단계에서 가정했던 리스크가 실제로 유효했는지, 그리고 그 판단이 여전히 타당한지를 재검토하는 과정이 바로 성과평가다. 즉, 성과평가는 결과를 평가하는 동시에, 그 결과를 만들어 낸 판단의 질을 되돌아보는 구조적 장치다. 이 단계가 작동하지 않으면 ESG는 언제든 선언이나 캠페인 수준으로 후퇴할 수 있다.

결국 성과평가는 '얼마나 잘했는가'를 묻기 위한 절차가 아니라, '우리가 가고 있는 방향이 맞는가'를 확인하기 위한 과정이다. 이 단계는 ESG를 단기 성과 관리의 영역에서 끌어내어, 조직의 장기적 존속과 신뢰를 관리하는 지속가능 경영의 핵심 메커니즘으로 위치시킨다. 그리고 이 성과평가가 제대로 작동할 때에만, 개선 단계에서의 개선은 선언이 아니라 실제 변화로 이어질 수 있다.

성과평가 단계에서 성과평가가 실질적으로 작동한다는 것은, 측정과 분석이 수행되었다는 사실 자체를 의미하지 않는다. 성과평가의 결과가 경영검토의 공식 입력자료로 활용되고, 그 해석이 목표 조정·자원 배분·리스크 대응 논리에 실제로 반영될 때에만 PDCA 사이클은 완결된다. 성과가 측정되었음에도 불구하고 경영검토에서 논의되지 않거나, 논의되었으나 의사결정으로 연결되지 않는 경우, 성과평가는 형식적 절차로 전락하며 경영시스템은 다시 P-D 단계에 고착된다. ISO 경영시스템이 성과평가를 독립된 단계로 규정하는 이유는, 바로 이 '환류의 단절'을 구조적으로 차단하기 위함이다.

[ESG 성과지표의 설정과 성과 모니터링·분석의 경영 판단 구조]

성과평가를 위해 가장 먼저 선행되어야 할 질문은 단순하다.

"무엇을 측정할 것인가?"

그러나 이 질문에 대한 답은 결코 단순하지 않다. 측정 대상이 정의되지 않으면 현재 상태가 적절한지 부족한지조차 판단할 수 없고, 무엇을 개선해야 하는지도 알 수 없다. 성과평가 단계에서는 성과를 평가하라고 요구하지만, 그 전제에는 항상 "성과란 무엇이며, 어떤 기준으로 판단되는가?"라는 질문이 놓여 있다.

ISO 경영시스템 관점에서 성과지표는 단순한 수치가 아니다. 성과지표는 조직이 무엇을 중요하게 관리하고 있는지를 외부와 내부에 동시에 드러내는 언어다. 재무 성과에서는 매출, 비용, 이익과 같은 지표가 비교적 명확한 의미를 갖지만, ESG 영역에서는 지표의 정의 자체가 경영 판단의 결과물이다.

ESG 성과지표가 전통적인 재무 지표와 근본적으로 다른 이유도 여기에 있다. 환경·안전·사회 성과는 측정 대상의 경계 설정, 범위, 산출 방식에 따라 전혀 다른 의미를 갖는다. 예컨대 '탄소 배출량'이라는 동일한 지표라도, 조직의 경계를 어디까지 설정하는지, Scope 1만 포함하는지, Scope 2·3까지 포함하는지에 따라 그 수치는 완전히 달라진다. 따라서 ESG 성과지표는 숫자를 계산하는 문제가 아니라, 어디까지를 책임의 범위로 설정할 것인가에 대한 경영 판단에 가깝다.

이 때문에 ESG 성과지표는 외부 기준을 그대로 차용한다고 해서 자동으로 유효해지지 않는다. 조직상황 단계에서 정의한 조직의 상황과 이해관계자 요구, 기획 단계에서 설정한 목표와 리스크, 운영 단계에서 실제로 운영되는 프로세스와 정합적으로 연결되지 않은 지표는, 측정은 가능할지 몰라도 경영 판단에는 기여하지 못한다. 지표가 운영과 분리되는 순간, 성과평가는 관리가 아니라 보고를 위한 행위로 전락한다. 이때 문제가 되는 것은 지표의 수가 많고 적음이 아니라, 지표가 어떤 의사결정을 촉발할 수 있는 구조로 설계되었는가이다. 성과지표가 단순히 '보고를 위한 결괏값'으로 설계될 경우, 그 지표는 측정될 수는 있지만 조직의 행동을 변화시키지는 못한다. 반대로 성과지표가 목표 조정, 자원 배분, 운영 기준 수정과 직접적으로 연결되어 있을 경우, 지표는 그 자체로 경영 판단의 트리거로 기능한다. 성과평가 단계에서 요구되는 지표란 바로 이러한 판단 연결성을 내포한 지표다.

7.2 ESG 성과지표의 설정과 성과 모니터링·분석의 경영 판단 구조

성과지표를 설정할 때 또 하나 중요한 요소는 측정 주기와 측정 방식이다. 어떤 지표를 연 1회 측정할 것인지, 월별·분기별로 모니터링할 것인지에 따라 성과평가의 성격은 달라진다. 자동화된 계측 데이터인지, 현장 관찰이나 설문에 기반한 정성 데이터인지, 내부 산출 지표인지, 외부 검증이 필요한 지표인지 역시 사전에 명확히 정의되어야 한다. 성과평가 단계에서 묻는 것은 '측정했는가'가 아니라, 그 측정 결과가 실제 경영 판단에 활용 가능한 수준인가다.

성과평가는 측정에서 끝나지 않는다. 측정된 결과를 어떻게 해석하고, 무엇을 의미 있는 변화로 볼 것인지에 대한 분석 과정이 반드시 뒤따라야 한다. 이 단계는 조직이 성과 데이터를 단순히 수집하는 데 그치지 않고, 그 결과를 분석하고 평가할 것을 요구한다. 이 분석은 수치의 증감 여부를 확인하는 수준이 아니라, 왜 그런 결과가 나타났는지를 구조적으로 이해하는 과정이다.

환경 성과에서는 단순히 배출량이 줄었는지 늘었는지를 보는 것이 아니라, 목표 대비 달성 수준과 변동 원인을 함께 분석해야 한다. 감축이 이루어졌다면 그것이 운영 개선의 결과인지, 외부 요인의 영향인지 구분되어야 하며, 증가했다면 일시적 현상인지 구조적 문제인지를 판단해야 한다. 안전 성과 역시 사고 발생 여부만으로는 평가할 수 없다. 사고 이전의 위험 징후, 예방 활동의 이행 수준, 교육과 훈련의 실효성을 함께 분석하지 않으면 성과는 왜곡된다.

사회 성과도 마찬가지다. 이직률, 만족도 조사 결과와 같은 결과 지표만으로는 충분하지 않다. 그 수치가 나타난 배경에 어떤 운영 구조와 관리 방식이 작동하고 있었는지를 함께 분석해야 한다. 동일한 수치라도 조직문화, 인력 구조, 업무 강도에 따라 전혀 다른 의미를 가질 수 있기 때문이다.

이러한 분석은 결국 하나의 질문으로 수렴된다.

"운영이 계획대로 작동하고 있는가?"

운영 단계에서 설계된 운영 프로세스가 실제 현장에서 일관되게 수행되고 있는지, ESG 요구사항이 실행 과정에서 희석되거나 우회되고 있지는 않은지를 확인하는 단계가 바로 성과평가 단계이다.

ESG 성과지표와 분석은 단기 성과를 평가하기 위한 도구가 아니다. 이는 조직이 지속가능 경영의 방향으로 실제 이동하고 있는지를 확인하는 관측 장치다. ESG 성과는 한 번의 수치로 판단되지 않으며, 추세와 반복성을 통해서만 의미를 갖는다. 성과평가 단계는 이 추세를 읽고, 기획 단계로 환류시키기 위한 구조를 요구한다.

ESG 성과평가의 결과는 조직 내부에서만 소비되는 정보로 끝나지 않는다. 성과평가 단계에서 측정·분석·검증된 데이터는, 궁극적으로 외부 이해관계자에게 제공되는 정보의 출발점이 된다. 즉, ESG 공시는 계획이나 의지를 알리는 행위가 아니라, 모니터링을 통해 확인된 성과 결과를 시장에 전달하는 과정이다.

이 점에서 ESG 공시는 성과평가 단계와 분리될 수 없다. 성과평가가 충분히 이루어지지 않은 상태에서의 공시는, 검증되지 않은 주장에 가깝다. 반대로 운영과 성과평가를 통해 축적된 데이터에 기반한 공시는, 조직의 경영 수준과 리스크 관리 역량을 외부에 증명하는 수단으로 기능한다.

ESG 공시가 중요한 이유는, 그 정보가 실제로 이해관계자의 행동을 유발하기 때문이다. 투자자는 공시된 환경·사회·지배구조 성과를 바탕으로 자본 배분 여부를 판단하고, 소비자는 기업의 ESG 성과를 근거로 구매 결정을 내린다. 이때 공시는 단순한 정보 제공이 아니라, 투자와 소비라는 경제적 선택을 촉발하는 신호로 작동한다.

따라서 ESG 공시는 '잘해야 하는 의무'라기보다, '성과평가가 제대로 작동하지 않으면 위험해지는 영역'에 가깝다. 데이터의 정의가 불명확하거나, 측정 방식이 일관되지 않거나, 분석 논리가 부족한 상태에서 이루어지는 공시는 신뢰를 잃을 뿐만 아니라, 오히려 법적·평판적 리스크를 증폭시킬 수 있다. 성과평가의 체계성과 객관성을 강조하는 이유 역시, 공시라는 외부 커뮤니케이션이 내부 경영시스템의 약점을 그대로 노출하기 때문이다.

이러한 관점에서 보면, ESG 성과평가는 내부 관리 절차이면서 동시에 외부 신뢰를 형성하는 출발점이다. 성과평가 단계는 ESG 공시의 품질을 좌우하는 실질적 기반이며, 성과평가가 부실한 조직에서는 어떠한 공시 체계도 지속가능할 수 없다.

결국 ESG 성과평가에서 지표 설정과 모니터링·분석은 분리된 단계가 아니다. 무엇을 측정할 것인지에 대한 판단과 그 결과를 어떻게 해석할 것인지는 하나의 경영 판단 체계로 작동해야 한다. 이 체계가 작동할 때, ESG는 선언이나 활동 목록이 아니라, 측정되고 검증되며 조정 가능한 경영시스템으로 기능하게 된다.

[내부심사와 공시 검증의 역할]

ISO 경영시스템 성과평가 단계에서 내부심사는 성과평가를 구성하는 가장 핵심적인 검증 장치다. 그러나 많은 조직에서 내부심사는 여전히 '규정 준수 여부를 확인하는 점검 활동' 정도로 인식되고 있으며, 이로 인해 성과평가 단계의 본래 기능이 약화되는 경우가 적지 않다. 성과평가 단계의 내부심사는 체크리스트를 채우는 절차가 아니라, 경영시스템이 의도한 논리와 구조가 실제 운영에서 그대로 작동하고 있는지를 독립적으로 점검하는 메커니즘에 가깝다.

앞선 장에서 살펴본 것처럼, 조직상황 단계에서 조직의 상황이 정의되고, 리더십 단계를 통해 책임과 리더십이 명확해졌으며, 기획 단계에서 목표와 리스크 대응 논리가 설계되고, 지원 단계에서 이를 지탱할 자원과 역량이 구축되었고, 운영 단계에서 실제 운영으로 전환되었다. 이와 같이 여러 단계가 반복적으로 함께 언급되는 이유는, ISO 경영시스템이 개별 단계의 나열이 아니라 상호작용하는 하나의 구조로 작동하기 때문이다. 내부심사는 이 모든 단계가 단절 없이 연결되어 있는지를 확인하는 과정이다. 즉, 내부심사는 단순히 운영 결과를 점검하는 것이 아니라, 경영시스템 전체의 정합성과 일관성을 평가하는 행위다.

ESG 경영에서 내부심사의 중요성은 더욱 커진다. ESG 이슈의 상당 부분은 정형화된 공정이나 수치로만 판단하기 어렵고, 현장의 해석과 판단에 따라 실행 수준이 크게 달라질 수 있기 때문이다. 문서상으로는 충분히 정비된 정책과 절차가 존재하더라도, 실제 운영 단계에서는 ESG 요구사항이 축소되거나 편의적으로 적용되는 경우가 빈번하게 발생한다. 내부심사는 바로 이 간극을 드러내는 장치다.

이때 내부심사가 확인해야 할 핵심은 '무엇을 하고 있는가'보다 '왜 그렇게 하고 있는가'에 있다. ESG 목표와 성과지표가 현장에서 동일한 의미로 이해되고 있는지, 데이터가 동일한 기준과 산정 방식으로 수집·관리되고 있는지, 운영 과정에서 발생한 편차나 부적합이 계획 단계에서 설정한 기준에 따라 관리되고 있는지를 점검해야 한다. 다시 말해, 내부심사는 활동의 존재 여부가 아니라 판단 기준과 실행 논리가 일관되게 유지되고 있는지를 검증하는 과정이다.

이 관점에서 내부심사는 단순한 적합성 점검이 아니라, 성과평가 결과의 신뢰성을 보증하는 핵심 검증 장치로 기능한다. 성과지표가 동일한 기준으로 측정되고 있는지, 데이터 산정 방식이 부서나 시점에 따라 달라지지 않았는지, 분석 결과가 선택적으로 해석되고 있지는 않은지를 독립적으로 확인하는 역할이 바로 내부심사다. 내부심사가 형식에 머물 경우, 성과평가는 수치상 존재하더라도 경영 판단의 근거로 활용될 수 없으며, 공시는 그 자체로 불확실성을 내포한 리스크로 전환된다.

성과평가 단계는 이러한 내부심사를 통해 조직이 스스로의 성과를 객관화할 수 있기를 요구한다. 내부심사가 형식에 머물 경우, 성과평가는 주관적 인상이나 제한된 데이터에 의존하게 되고, 그 결과 개선의 방향 역시 왜곡될 수밖에 없다. 반대로 내부심사가 충분히 독립성과 전문성을 갖추고 수행될 경우, 조직은 경영시스템의 약점과 개선 기회를 비교적 이른 단계에서 인식할 수 있다. 이는 다음 단계인 개선 단계로 이어지는 필수적인 전제 조건이 된다.

공시 검증 역시 성과평가 흐름에서 분리될 수 없는 요소다. ESG 공시는 조직의 성과를 외부 이해관계자에게 전달하는 수단이지만, 공시 그 자체가 성과를 만들어 내는 것은 아니다. 공시는 내부에서 측정·분석·검증된 결과를 외부로 확장하는 행위이며, 그 신뢰성은 전적으로 내부 성과평가의 품질에 의해 결정된다.

내부 성과평가 결과와 공시 내용이 불일치할 경우, 조직은 단순한 신뢰 하락을 넘어 법적·평판적 리스크에 직면하게 된다. 특히 최근의 ESG 환경에서는 공시된 데이터와 실제 운영 간의 괴리가 외부 감사, 규제, 투자자의 문제 제기로 이어지는 사례가 빠르게 증가하고 있다. 이로 인해 공시 검증은 더 이상 사후 확인 절차가 아니라, 성과평가 단계에서부터 통합적으로 관리되어야 할 핵심 요소로 전환되고 있다.

성과평가 단계의 관점에서 공시 검증은 '공시를 잘했는가'의 문제가 아니라, '공시에 사용된 데이터와 해석이 내부 경영시스템의 판단과 일치하는가'를 확인하는 과정이다. 즉, 공시는 내부심사와 동일한 논리 구조 위에 놓여야 하며, 내부 성과평가-내부심사-공시 검증은 하나의 연속된 관리 흐름으로 이해되어야 한다. 이 흐름이 단절될 경우, 공시는 성과의 표현이 아니라 리스크의 증폭 장치로 작동하게 된다.

결국 성과평가 단계에서 내부심사와 공시 검증은 ESG 성과를 '존재하는 것처럼 보이게 만드는 장치'가 아니라, 실제로 존재하는 성과만이 외부로 전달되도록 필터링하는 기능을 수행한다. 이러한 검증 구조가 구축된 조직만이 ESG를 단기 대응이나 이미지 관리의 수단이 아니라, 지속가능한 경영 역량으로 전환시킬 수 있다. 그리고 바로 이 지점에서 성과평가는 다시 개선과 재기획으로 연결되며, PDCA 사이클은 비로소 완결된 형태로 복원된다.

이러한 내부심사 결과는 내부심사 이후 경영검토가 이루어지는 과정에서 가장 중요한 객관적 입력 자료로 기능한다.

경영검토는 단순히 성과를 보고받는 자리가 아니라, 조직의 전략, 자원 배분, 목표 수정 여부를 판단하는 최고 의사결정 과정이다. 이때 내부심사 결과는 경영자의 주관이나 인상에 의존한 판단을 배제하고, 경영시스템이 실제로 어떻게 작동하고 있는지를 사실에 기반해 보여 주는 역할을 한다.

특히 ESG 경영에서는 이 객관성이 결정적이다. 환경·안전·사회 성과는 단기간에 체감되기 어렵고, 긍정적 서술이나 일부 성과만으로도 왜곡될 가능성이 크다. 내부심사는 이러한 왜곡 가능성을 차단하고, 경영검토가 선언이나 의지 표명이 아니라 실질적인 개선과 자원 재배분으로 이어지도록 만드는 전제 조건이 된다. 내부심사 결과가 경영검토에 충분히 반영되지 않는 조직에서는, 성과평가가 존재하더라도 PDCA 사이클은 다시 단절될 수밖에 없다.

이와 같은 내부심사와 공시 검증 체계가 작동하지 않을 경우, ESG 공시는 본래의 목적과 달리 새로운 리스크로 전환될 수 있다. 실제 운영 성과와 괴리된 공시는 단순한 오류를 넘어, 외부 이해관계자에게 왜곡된 신호를 전달하게 되며, 이는 곧 신뢰 훼손과 법적·평판적 리스크로 이어진다. 흔히 이러한 현상을 '그린워싱'으로 지칭하지만, 성과평가 단계의 관점에서 그린워싱은 윤리적 일탈의 결과라기보다 성과평가와 검증 체계가 작동하지 않은 구조적 실패에 가깝다. 내부심사 결과가 경영 의사결정으로 연결되지 않고, 공시 내용이 성과평가와 분리될 때, ESG는 관리 대상이 아닌 홍보 수단으로 오인될 위험을 갖게 된다. 따라서 그린워싱 문제는 단순히 공시의 표현을 통제하는 차원을 넘어, 성과평가 결과를 누가 어떻게 해석하고 책임지는가의 문제로 확장되어야 하며, 이는 자연스럽게 이사회 감독과 경영검토의 영역으로 이어진다.

[이사회 감독과 경영검토]

성과평가 단계에서 성과평가의 최종 종착점은 측정이나 분석 그 자체가 아니라 경영검토다. 경영검토가 실질적으로 기능하지 않을 경우, ESG 성과평가는 해석되지 않은 데이터의 집합으로 남게 된다. 이때 발생하는 문제는 성과의 부재가 아니라, 성과 해석 책임의 공백이다. 부정적 성과가 전략 논의에서 배제되거나, 일부 긍정적 지표만이 강조될 경우, 조직은 의도하지 않더라도 왜곡된 메시지를 외부에 전달하게 된다. 성과평가 단계에서 경영검토를 최고 의사결정 구조의 책임으로 규정하는 이유는, ESG 성과 해석의 최종 책임을 조직의 거버넌스 중심에 고정시키기 위함이며, 이는 그린워싱을 사후 비판이 아닌 사전 통제로 전환시키는 핵심 장치다. 성과지표가 아무리 정교하게 설계되고, 모니터링과 분석이 충실히 수행되었다 하더라도,

그 결과가 최고경영자와 이사회 수준의 의사결정으로 연결되지 않는다면 경영시스템은 개선 단계로 진입할 수 없다. 이러한 의미에서 이사회 감독은 ESG 성과에 대해 '승인하는 역할'이 아니라, 성과 해석의 기준을 확정하는 역할에 가깝다. 어떤 성과를 의미 있는 변화로 볼 것인지, 어떤 편차를 위험 신호로 해석할 것인지는 기술적 판단이 아니라 거버넌스 판단의 영역이다. 이사회가 이 기준 설정에 실질적으로 관여하지 않을 경우, ESG 성과는 실무자의 해석이나 단기적 외부 반응에 의해 흔들릴 가능성이 커진다. 따라서 성과평가 단계에서의 이사회 감독은 ESG의 기술적 관리보다 앞서는 구조적 안정장치로 기능한다. ISO 경영시스템은 이 과정을 명확히 최고 의사결정 구조의 책임으로 규정하며, 성과평가 결과가 전략·자원 배분·목표 조정으로 환류되도록 요구한다.

ESG 경영에서 이 단계가 특히 중요한 이유는, ESG 성과가 단일 지표나 단기 결과로 해석될 수 없는 성격을 갖기 때문이다. 환경 성과는 규제 변화, 외부 조건, 기술 도입 여부에 따라 단기간에 개선과 악화를 반복할 수 있고, 안전과 사회 성과는 정량 지표와 정성 요소가 혼재되어 있다. 이러한 결과를 '좋다/나쁘다'의 이분법으로 해석하는 것은 운영의 문제를 가리는 결과를 낳는다. ESG 성과의 의미를 어떻게 정의하고, 그 편차를 어떤 맥락에서 해석할 것인지는 현장의 판단 영역이 아니라 조직의 전략적 선택 영역에 속한다. 따라서 ESG 성과 해석의 최종 책임 주체는 이사회와 최고경영진일 수밖에 없다.

이 지점에서 그린워싱 문제는 보다 분명한 구조를 드러낸다. 일반적으로 그린워싱은 기업이 의도적으로 성과를 과장하거나 사실을 왜곡하는 행위로 이해되지만, 실제 많은 경우 그린워싱은 의도적 기만 이전에 성과 해석과 경영검토 실패의 결과로 발생한다. 내부 성과평가 결과가 충분히 검토되지 않거나, 부정적 지표가 전략 논의에서 배제된 채 일부 긍정적 성과만이 공시로 전환될 때, 조직은 스스로 인식하지 못한 상태에서 왜곡된 메시지를 외부에 전달하게 된다.

성과평가 단계의 관점에서 보면, 이러한 현상은 공시의 문제가 아니라 경영검토의 실패다. 성과평가 결과가 경영진과 이사회에 충분히 보고되지 않았는지, 보고되었으나 전략적 판단에서 반영되지 않았는지, 혹은 단기적 평판이나 투자 유치 논리에 의해 선택적으로 해석되었는지에 따라 문제의 양상은 달라지지만, 공통점은 하나다. 성과를 해석하고 그 결과에 대해 책임지는 구조가 제대로 작동하지 않았다는 점이다.

이사회 감독의 핵심 역할은 ESG 성과를 단순히 평가하는 데 있지 않다. 오히려 이사회는 성과가 목표 대비 어떤 의미를 가지는지, 그 편차가 구조적 문제인지 일시적 현상인지, 그리고 이를 보완하기 위해 어떤 자원과 조정이 필요한지를 판단해야 한다. 내부심사 결과, 성과평가 데이터, 이해관계자 피드백은 이 판단을 위한 객관적 근거로 기능해야 하며, 이 근거가 경영검토에서 종합적으로 논의될 때에만 ESG는 전략 수준의 의사결정으로 승격된다.

경영검토는 조직상황 단계에서 정의된 조직의 상황, 기획 단계에서 수립된 목표, 지원단계에서의 지원, 운영 단계에서 실행된 운영 결과를 하나의 흐름으로 통합하는 단계다. 이 과정에서 어떤 성과를 어떻게 설명할 것인지, 어떤 한계를 인정하고 어떤 개선 계획을 제시할 것인지가 명확히 정리되어야 한다. 특히 ESG와 같이 이해관계자의 해석에 민감한 영역에서는, 부정적 성과를 어떻게 다루는가가 조직의 신뢰도를 좌우한다. 경영검토를 통해 한계와 위험을 인정하고 개선 계획을 제시하는 조직은, 단기적으로 불리해 보일 수 있으나 장기적으로는 신뢰를 축적한다.

반대로 이러한 검토 과정이 누락될 때, 조직은 ESG 공시를 사실 전달이 아닌 이미지 관리의 수단으로 오인하게 된다. 그리고 바로 이 지점에서 그린워싱은 개인의 윤리 문제나 실무자의 오류가 아니라, 거버넌스 실패의 결과로 구조화된다. 성과평가 단계에서 이사회 감독과 경영검토를 성과평가의 필수 요소로 포함시키는 이유는, ESG 성과를 둘러싼 해석과 책임을 조직의 최고 의사결정 구조에 고정시키기 위함이다.

결국 ESG 경영에서 성과평가는 '잘했는지 못했는지'를 판정하는 절차가 아니다. 성과평가는 조직이 스스로의 한계와 위험을 인식하고, 그에 대해 책임 있는 설명과 선택을 수행하는 과정이다. 이사회와 최고경영진이 이 역할을 수행할 때에만 ESG 공시는 신뢰 가능한 정보로 기능할 수 있으며, 그린워싱은 사후적 비난의 대상이 아니라 사전에 통제 가능한 경영 리스크로 전환된다.

ESG를 '하고 있다고 말하는 것'에서
'작동 여부를 검증하는 체계'로 전환하다

ISO 경영시스템의 성과평가 단계에서 요구하는 성과평가는 ESG 성과를 홍보하거나 결과를 보고하는 것이 아니다. 이 단계의 핵심은 조직상황 단계부터 운영 단계까지 구축된 ESG 체계가 실제로 작동하고 있는지, 그리고 그 작동 상태를 조직이 스스로 점검하고 있는지를 확인하는 데 있다. 성과평가 단계는 ESG를 선언과 실행에서 분리해, 검증과 점검의 대상으로 전환한다.

이 단계에서 ESG는 '보여 주는 성과'가 아니라, '검증을 통과해야 하는 관리 대상'으로 성격이 전환된다.

이 단계를 거치지 않은 ESG는 외형적으로는 실행되고 있는 것처럼 보일 수 있다. 목표는 수립되었고, 운영 활동도 이루어진다. 그러나 그 결과가 조직의 판단과 의사결정에 반영되는지는 확인되지 않는다. 성과평가 단계는 이러한 자기 확인을 허용하지 않는다. ESG는 여기서부터 측정되고, 비교되고, 점검되는 관리 대상이 된다.

즉, 성과평가는 실행 여부가 아니라, 실행이 실제로 통제되고 있는지를 묻는다.

이 관점에서 ESG 정보공시 주기(P-1-2)는 단순한 공시 빈도의 문제가 아니다. 이는 조직이 ESG 정보를 일회성 결과가 아니라 반복적으로 점검·검토할 관리 정보로 인식하고 있는지를 묻는다. ESG 정보공시 검증(P-3-1) 역시 외부 검증의 유무를 넘어서, 조직이 스스로의 ESG 성과를 신뢰 가능한 정보로 관리할 체계를 갖추고 있는지를 확인한다. 공시는 여기서 성과가 아니라, 성과평가 체계의 일부로 기능한다.

이때 공시는 외부를 설득하기 위한 수단이 아니라, 내부 판단을 가능하게 하는 검증 장치로 위치한다.

환경 영역에서는 온실가스 배출량 검증(E-3-3)이 성과평가 단계의 성격을 가장 분명하게 드러낸다. 이는 감축 성과의 크기를 평가하기 위한 항목이 아니다. 이 항목은 조직이 온실가스 정보를 성과평가의 근거로 사용할 수 있을 만큼 신뢰성 있게 관리하고 있는지를 묻는다. 검증되지 않은 데이터는 성과평가가 될 수 없으며, 이는 환경 영역 전반에 동일하게 적용되는 원칙이다.

환경 성과는 측정 이전에 검증 가능해야 하며, 성과평가 단계에서는 바로 이 조건을 점검한다.

사회 영역의 항목들 역시 결과 그 자체보다 작동 여부의 확인에 초점이 맞춰져 있다. 자발적 이직률(S-2-3), 여성 급여 비율(S-3-2),

산업재해율(S-4-2)은 수치의 높고 낮음을 평가하기 위한 항목이 아니다. 이들은 조직이 고용, 보상, 안전과 관련된 사회적 이슈를 지속적으로 모니터링하고 판단에 반영하고 있는지를 보여 주는 성과평가 지표다. 목표와 운영이 실제로 사회적 결과로 이어졌는지는 이 단계에서 검증된다.

이 수치들은 사회적 성과를 '판단 가능한 상태'로 유지하고 있는지를 보여 주는 신호에 가깝다.

지배구조 영역에서는 성과평가의 구조적 성격이 더욱 명확해진다. 전체 이사 출석률(G-2-1), 사내이사 출석률(G-2-2), 이사회 안건 처리(G-2-4)는 활동의 양을 점검하는 항목이 아니다. 이들은 ESG가 이사회라는 의사결정 구조 안에서 형식적으로 다뤄졌는지, 실질적으로 검토되었는지를 판단하는 지표다. 내부감사부서 설치(G-5-1) 역시 존재 여부가 아니라, ESG 관련 활동과 성과가 조직 내부에서 점검·통제의 대상이 되고 있는지를 확인한다.

성과평가 단계에서 지배구조 성과는 결과가 아니라, 검토와 통제가 실제로 이루어졌는지에 대한 증거로 해석된다.

ESG 성과를 결과 지표의 집합으로 이해하는 접근은 성과평가 단계의 본질을 오해한 것이다. 이 단계가 묻는 것은 '얼마나 성과를 냈는가'가 아니라, '성과를 평가할 수 있는 구조가 작동하고 있는가'다. 성과평가가 작동하지 않는 ESG는 개선으로 이어질 수 없고, 결국 관리 체계로서의 의미를 상실한다.

평가되지 않는 ESG는 관리되지 않는 ESG와 다르지 않다.

　따라서 이 단계에서의 K-ESG 연결은 결과를 정리하는 단계가 아니다. 이 장은 ESG를 조직 스스로 점검하고 판단할 수 있는 관리 시스템으로 완성시키는 단계다. 여기서 확인된 성과평가 결과가 있어야만, 다음 단계의 개선 활동이 임의적 조치가 아니라 근거 있는 경영 개선으로 이어질 수 있다. ESG는 성과평가 단계를 통해 비로소 검증 가능한 경영 활동이 된다.

　이 지점에서 ESG는 '하고 있는 활동'에서 '점검 가능한 경영시스템'으로 전환된다.

이 장의 핵심 정리

✓ 성과평가 단계는 ESG 활동의 결과를 평가하는 단계가 아니라 판단의 적절성을 점검하는 단계다.

✓ 성과평가는 잘했는지를 묻기보다 기준이 현실을 반영하고 있었는지를 검증한다.

✓ 이 단계가 형식적으로 운영될 경우 개선은 발생하지 않고 문제는 반복된다.

✓ 성과평가 단계는 개선으로 이어지지 않으면 의미를 갖지 않는다.

MEMO

제8장

개선:

ESG는 지속적 개선의 과정이다

[부적합, 시정조치, 그리고 개선]

ISO 경영시스템 개선 단계에서 말하는 개선은 단순한 문제 해결이 아니다.

개선 단계는 조직이 발생한 문제를 어떻게 정상화했는지를 묻는 단계가 아니라, 왜 그 문제가 발생했으며, 다시는 같은 방식으로 반복되지 않도록 무엇을 바꾸었는가를 묻는 단계이다.

이 차이는 형식적인 표현의 문제가 아니라, 경영시스템을 바라보는 관점의 차이이다. 문제를 '해결해야 할 사건'으로 인식하는 조직과 문제를 '학습해야 할 신호'로 인식하는 조직은 동일한 부적합을 경험하더라도 전혀 다른 방향으로 진화한다. 개선 단계는 후자의 관점을 경영시스템의 필수 요건으로 고정시키는 역할을 수행한다.

현장에서 흔히 관찰되는 경영시스템의 정체 현상은 '개선'이 아니라 '시정조치'에 머무는 데서 발생한다. 부적합이 발생하면 조직은 원인을 파악하고 즉각적인 조치를 통해 정상 상태로 복구한다. 이 단계까지는 많은 조직이 비교적 성실하게 수행한다.

그러나 문제는 그 이후다. 동일하거나 유사한 부적합이 반복적으로 발생함에도 불구하고, 기준과 프로세스, 책임 구조는 거의 변하지 않는 경우가 적지 않다. 문제는 해결된 것처럼 보이지만, 문제를 만들어 낸 판단 기준과 운영 방식은 그대로 유지된 채 표면적인 정상화만 반복된다.

이러한 상태를 우리는 흔히 '고질불량'이라고 부른다. 고질불량은 기술적 문제라기보다, 개선이 이루어지지 않은 부적합에 가깝다. 시정조치가 이미 발생한 문제를 현재 시점에서 봉합하는 행위라면, 개선은 미래의 문제 발생 가능성을 구조적으로 낮추는 행위다. 개선 단계는 바로 이 두 단계를 명확히 구분하고, 조직이 시정조치 이후 반드시 개선 단계로 진입하도록 요구한다.

여기서 중요한 점은, 개선 단계에서는 이 개선을 '선택 가능한 활동'으로 두지 않는다는 것이다. ISO 경영시스템 구조상 개선은 성과평가 단계의 결과를 전제로 자동적으로 이어져야 하는 단계다. 성과평가를 통해 부적합과 편차가 식별되었다면, 그다음 질문은 '누가 책임지는가'나 '언제 조치할 것인가'가 아니라, '무엇을 바꿔야 하는가'가 되어야 한다.

개선 단계에서 개선은 성과평가 단계의 결과를 전제로 한다. 성과평가를 통해 식별된 부적합, 편차, 미달성 성과는 모두 개선의 출발

8.1 부적합, 시정조치, 그리고 개선

점이다. 이 점에서 개선 단계는 독립된 단계가 아니라, 성과평가 단계의 논리를 행동의 변화로 완성시키는 단계에 해당한다.

ISO 경영시스템 관점에서 부적합은 단순히 규정을 어긴 상태를 의미하지 않는다. 부적합은 계획된 기준, 목표, 요구사항과 실제 운영 결과 사이의 불일치를 의미한다. ESG 경영에서는 이 개념이 더욱 확장된다. 환경 성과 목표 미달, 반복되는 안전사고 징후, 인권 이슈의 재발, 공시 내용과 내부 성과의 불일치 등은 모두 ESG 관점의 부적합이다.

이러한 ESG 부적합의 특징은, 단일 사건으로 끝나지 않고 누적된다는 점이다. 한 번의 목표 미달이나 단일 사고는 우연일 수 있지만, 유사한 유형의 문제가 반복된다면 이는 운영의 문제가 아니라 시스템 설계의 문제로 전환된다. 개선 단계는 바로 이 전환 지점을 놓치지 않도록 한다.

시정조치는 이러한 부적합을 '정상 상태'로 되돌리는 행위다. 그러나 개선 단계에서의 개선은 시정조치의 완료 여부가 아니라, 시정조치 이후 무엇이 달라졌는가에 초점을 둔다. 동일한 부적합이 다시 발생한다면, 그것은 시정조치의 실패가 아니라 개선의 부재를 의미한다.

따라서 개선은 개별 문제에 대한 대응이 아니다. 기준이 적절했는지, 프로세스가 현실을 반영했는지, 역할과 책임이 명확했는지, 자원이 충분히 배분되었는지를 재검토하고 수정하는 행위다. 이 과정에서 조직은 문제를 단순한 비용이나 리스크로 인식하는 단계에서 벗어나, 문제를 학습 자산으로 전환하는 단계로 진입하게 된다.

경영시스템이 개선 단계로 이어지지 않더라도 조직은 당장 운영될 수 있다. 그러나 그 시스템은 점차 침체되고, 비효율이 누적되며, 외부 환경 변화에 대한 대응력이 약화된다. ESG 철학 역시 동일하다. ESG는 단기 성과를 관리하는 개념이 아니라, 문제가 드러났을 때 이를 학습하고 구조를 바꾸는 능력을 통해 지속가능성을 확보하는 과정이다.

이러한 관점에서 개선 단계는 ESG를 선언이나 평가에서 끝내지 않고, 조직의 학습 메커니즘으로 고정시키는 단계라고 할 수 있다. ESG가 '잘하고 있는지'를 묻는 단계가 성과평가 단계라면, 개선 단계는 '왜 바뀌지 않았는지'를 끝까지 묻는 단계다. 이 질문에 답할 수 있는 조직만이, ESG를 일회적 대응이 아닌 지속적 경영 능력으로 전환할 수 있다.

ISO 경영시스템이 개선을 독립된 단계로 분리해 둔 이유도 여기에 있다. ISO 경영시스템에서 개선은 사후 대응을 정리하는 절차가 아니라, 경영시스템 전체를 전진시키는 목적 그 자체로 규정된다. 시정은 문제를 해결하지만, 개선은 조직의 성과 수준을 끌어올린다. 이 차이는 단순한 용어 구분이 아니라, 경영시스템이 정체될 것인지 진화할 것인지를 가르는 기준선이다.

ISO 경영시스템 관점에서 모든 부적합은 실패의 기록이 아니라 성장의 기회다. 중요한 것은 문제가 발생했는가가 아니라, 그 문제가 개선으로 전환되었는가다. 내부심사, 경영검토, 이해관계자의 피드

8.1 부적합, 시정조치, 그리고 개선

백 과정에서 식별된 편차와 미흡 사항은 반드시 개선 기회로 구조화되어야 하며, 이는 문제 발생 이후에만 이루어지는 활동일 필요도 없다. 개선은 사후 대응이 아니라, 성과를 높이기 위한 선제적 관리 행위이기도 하다.

이러한 개선 활동이 우발적 조치로 흩어지지 않기 위해서는, 우선순위, 책임자, 일정, 자원 배분이 명확히 관리되어야 한다. 개선 단계는 개선을 '잘하면 좋은 활동'이 아니라, 목표 달성과 직접 연결되는 관리 대상으로 요구한다. 이 구조가 작동할 때, 개선은 개인의 문제 해결 역량에 의존하지 않고, 조직의 지속적 성과 향상 메커니즘으로 정착된다. 이때 개선의 책임은 더 이상 실무자 개인이나 특정 부서에 머물 수 없다. 개선은 판단 기준과 시스템을 바꾸는 행위이기 때문에, 그 책임은 반드시 경영시스템의 의사결정 구조로 귀속되어야 한다. 성과평가를 통해 식별된 부적합이 반복되고 있음에도 불구하고 기준과 자원 배분, 목표 설정이 그대로 유지된다면, 문제는 실행이 아니라 경영 판단 그 자체에 있다. 개선 단계가 요구하는 것은 문제를 '누가 처리했는가'가 아니라, '문제를 통해 무엇이 바뀌었는가를 경영 차원에서 설명할 수 있는가'다. 이 설명 책임이 최고경영자와 거버넌스 구조에 명확히 귀속될 때, 개선은 일회성 대응이 아니라 조직의 지속적 학습 메커니즘으로 기능한다.

[윤리 위반과 개인정보 침해]

　ESG 영역에서 개선의 중요성이 가장 명확하게 드러나는 지점은 윤리 위반과 개인정보 침해와 같은 비재무적 사건이다. 이러한 사건은 단 한 번의 발생만으로도 조직의 신뢰를 크게 훼손할 수 있으며, 반복될 경우 단순한 운영 실패가 아니라 구조적 거버넌스 실패로 인식된다. 이 점에서 윤리와 개인정보 이슈는 ESG 경영의 성숙도를 가장 직접적으로 드러내는 시험대라 할 수 있다.

　많은 조직은 윤리 위반이나 개인정보 침해 사건이 발생했을 때 비교적 신속한 시정조치를 수행한다. 관련자 징계, 피해 복구, 사과문 발표, 규정 재공지, 시스템 점검 등은 대표적인 대응 방식이다. 이러한 조치들은 사건의 확산을 막고 외부 비판을 완화하는 데 일정 부분 효과를 가진다. 그러나 개선 단계의 관점에서 보면, 이 단계는 개선의 출발점일 뿐 종착점이 될 수 없다.

　개선 단계에서 던지는 핵심 질문은 항상 그다음에 있다. 왜 해당 위반이 발생했는가, 그리고 조직의 판단 구조와 통제 체계 중 무엇이 이를 허용했는가에 대한 분석이 이루어졌는지가 핵심이다. 동일한 규정이 존재했음에도 불구하고 왜 현장에서 다른 판단이 이루어졌는지, 왜 문제 제기가 사전에 포착되지 않았는지, 왜 위험 신호가 조직 내부에서 차단되었는지를 끝까지 추적하지 않는다면, 대응은 시정조치에 머물 수밖에 없다.

　개선이 이루어지지 않은 윤리 위반 대응은 거의 예외 없이 반복된다. 동일한 유형의 위반이 다른 부서, 다른 시점, 다른 형태로 재현되는 이유는 개인의 윤리 의식 부족 때문이기보다, 윤리 기준이 조직의 실제 의사결정 구조 안에서 작동하지 않았기 때문인 경우가 많다. 즉, 윤리가 규정이나 교육 자료 속에는 존재하지만, 성과 압박, 관행, 상급자의 암묵적 메시지 앞에서는 쉽게 후퇴하는 구조가 그대로 유지되는 것이다.

　개인정보 침해 역시 동일한 구조를 가진다. 많은 조직은 침해 사고 이후 기술적 보완에 집중한다. 보안 솔루션 도입, 서버 분리, 접근 통제 강화 등은 필수적인 조치다. 그러나 개선 단계에서는 이러한 기술적 대응만으로는 개선이 완성되었다고 보기 어렵다. 개인정보 침해의 상당수는 기술 그 자체보다, 과도한 접근 권한, 불명확한 책임 분장, 외주 및 협력사 관리 부재, 실무자의 인식 부족 등 운영 구조의 취약점에서 발생한다.

따라서 개인정보 침해에 대한 개선은 시스템 전반을 대상으로 이루어져야 한다. 누가 어떤 정보에 접근할 수 있는지, 그 권한은 어떤 기준으로 부여되고 회수되는지, 외주·협력사까지 동일한 기준이 적용되는지, 교육과 점검은 형식이 아니라 실제 행동 변화를 유도하고 있는지를 함께 재검토해야 한다. 개선 단계는 바로 이러한 구조적 재설계를 개선의 핵심으로 요구한다.

이 관점에서 윤리 위반과 개인정보 침해는 '처리해야 할 사고'가 아니다. 개선 단계에서는 이 사건들을 조직의 취약한 지점을 가장 선명하게 드러내는 개선 신호로 인식한다. 사건 자체보다 중요한 것은, 그 사건이 조직의 어떤 기준과 프로세스를 무력화시켰는지, 그리고 그 취약점이 개선을 통해 실제로 제거되었는지 여부다.

ESG 경영에서 윤리와 개인정보 이슈가 반복되는 조직은 외부 환경 변화에 취약할 수밖에 없다. 규제가 강화되고, 이해관계자의 감시가 정교해질수록, 시정조치에 머무는 대응은 더 이상 충분하지 않다. 개선 단계는 이러한 현실을 전제로, 윤리와 개인정보를 도덕적 문제나 일회성 리스크가 아니라, 학습과 개선의 대상으로 경영시스템 안에 고정시키도록 요구한다.

결국 윤리 위반과 개인정보 침해 대응에서 개선이 이루어졌는지는 선언이나 보고서로 증명되지 않는다. 동일한 유형의 사건이 다시 발생하지 않는지, 발생하더라도 더 이른 단계에서 포착되고 더 작은 영향으로 통제되는지를 통해서만 확인된다. 개선 단계에서는 바로 이 반복 방지 능력을 ESG 경영의 실질적 성숙도로 간주한다.

[재발 방지와 시스템 개선]

개선 단계에서 개선의 최종 목적은 재발 방지다. 그러나 여기서 말하는 재발 방지는 단순히 동일한 사건이 다시 발생하지 않도록 막는 소극적 대응을 의미하지 않는다. 재발 방지는 유사한 문제가 다시 발생할 가능성 자체를 구조적으로 낮추는 변화를 의미한다. 즉, 결과를 통제하는 것이 아니라 원인이 작동하지 않도록 시스템을 바꾸는 것이 개선의 목적이다.

현장에서 흔히 나타나는 오해는 재발 방지를 '주의 환기'나 '관리 강화' 수준으로 이해하는 것이다. 동일한 문제가 발생하면 교육을 강화하고, 점검 횟수를 늘리고, 책임자를 지정하는 방식으로 대응한다. 이러한 조치는 단기적으로는 효과를 보일 수 있으나, 기준과 구조가 바뀌지 않는 한 문제는 형태만 바꾼 채 다시 나타난다. 개선 단계는 이러한 반복을 전제로, 재발 방지를 선언이 아니라 구조 변화의 결과로 요구한다. 재발 방지가 제대로 작동하고 있는지 여부는 선언이나 문서로 판단되지 않는다. 오히려 그 신호는 반대로 나타난다. 동일한 유형의 문제가 내부심사, 경영검토, 이해관계자 이슈에서 반복적으로 등장하고 있음에도 불구하고, 매번 '개별 사건'으로만 처리되고 있다면, 그것은 개선이 이루어지지 않고 있다는 명확한 신호다. 개선이 작동하는 조직에서는 문제의 빈도보다도, 문제를 다루는 방식이 달라진다. 동일한 문제가 다시 발생하지 않도록 기준이 수정되고, 책임 구조가 조정되며, 의사결정의 전제가 바뀌는 변화가 관찰된다. 반대로 이러한 변화가 보이지 않는다면, 재발 방지는 관리 문구로만 존재할 뿐, 시스템의 능력으로 자리 잡지 못한 상태라 할 수 있다.

이를 위해 개선 결과는 반드시 경영시스템 안에 반영되어야 한다. 기준이 수정되고, 절차가 변경되며, 역할과 책임이 재정의되고, 필요하다면 자원 배분과 목표 설정까지 재검토되어야 한다. 문제의 원인이 과도한 성과 압박이었다면 목표 설정 방식이 조정되어야 하고, 책임 불명확이 원인이었다면 권한과 보고 체계가 수정되어야 하며, 역량 부족이 원인이었다면 교육과 인력 배치가 바뀌어야 한다. 개선이 시스템에 반영되지 않는다면, 그것은 대응이지 개선이라 할 수 없다.

개선 단계에서 중요한 지점은 이 변화가 일회성 조정으로 끝나지 않고, 다시 기획 단계로 환류된다는 점이다. 개선 결과가 기획 단계로 연결되어 리스크 식별 방식이 수정되고, 목표와 KPI가 재설계되며, 새로운 관리 기준이 설정될 때, 경영시스템은 비로소 학습하는

8.3 재발 방지와 시스템 개선

구조를 갖추게 된다. 이 환류 구조가 없다면, 개선은 개별 사건에 대한 사후 대응으로 소모되고 만다.

ESG 경영에서 이러한 재발 방지 구조는 특히 중요하다. ESG 이슈는 고정된 위험이 아니라, 외부 환경 변화, 이해관계자의 인식 변화, 규제 강화에 따라 끊임없이 새로운 형태로 등장한다. 과거에는 문제가 되지 않았던 관행이 어느 순간 중대한 ESG 리스크로 전환되기도 하고, 기술 변화나 사회적 기대 변화로 인해 기존 기준이 더 이상 유효하지 않게 되는 경우도 많다.

개선 구조가 작동하지 않는 조직은 과거의 성공 방식과 기존 기준에 머무르게 된다. 이 상태에서는 문제를 해결했다고 생각한 순간에도 새로운 유형의 리스크가 누적된다. 반대로 개선 구조를 갖춘 조직은 문제 발생 자체를 실패로만 인식하지 않는다. 문제를 통해 기준의 한계를 인식하고, 시스템을 조정하며, 다음 단계로 진화하는 계기로 활용한다.

이 관점에서 재발 방지는 결과가 아니라 능력이다. 동일한 문제가 다시 발생하지 않도록 통제하는 능력, 유사한 문제가 다른 형태로 전이되는 것을 사전에 차단하는 능력, 그리고 환경 변화 속에서도 기준을 지속적으로 조정할 수 있는 능력이 조직의 지속가능성을 결정한다. 개선 단계는 바로 이 능력을 경영시스템의 필수 요건으로 규정한다.

결국 개선의 최종 목적은 '문제가 없어진 상태'가 아니라, 문제가 발생하더라도 그것이 조직을 약화시키지 않는 구조를 만드는 데 있다. ESG 경영 역시 마찬가지다. ESG는 완벽한 무결점 상태를 요구하지 않는다. 대신 문제를 통해 학습하고, 구조를 바꾸며, 더 강한 시스템으로 진화할 수 있는지를 묻는다. 개선 단계는 ESG를 평가 항목이 아닌, 조직의 자기 개선 메커니즘으로 완성시키는 마지막 단계라 할 수 있다.

이 책이 개선 단계에서 강조하는 바는 단순하다. ESG는 성과를 잘 관리하는 조직보다, 실패를 잘 수정하는 조직에서 지속된다. 문제를 숨기지 않고 드러내며, 드러난 문제를 개인의 책임으로 축소하지 않고 시스템의 한계로 인식하며, 그 한계를 기준과 구조의 변화로 연결할 수 있는 조직만이 ESG를 장기적으로 유지할 수 있다. 개선 단계는 ESG 경영의 끝이 아니라, ESG가 일회성 흐름으로 소진되지 않도록 붙잡아 두는 마지막 안전장치다. 그리고 바로 이 지점에서 ESG는 '활동'이 아니라 '경영시스템'으로 완성된다.

ESG를 '문제 발생 이후의 대응'이 아니라
'경영시스템의 자기 수정 능력'으로 완성하다

개선 단계에서 요구하는 개선은 문제를 해결하라는 지시가 아니다. 이 단계의 핵심은 ESG 경영이 스스로의 한계와 실패를 인식하고, 그 원인을 구조적으로 수정할 수 있는 능력을 갖추고 있는지를 확인하는 데 있다. 개선 단계는 ESG를 성과 관리의 마지막 단계로 끝내지 않고, 다시 조직의 판단과 운영으로 되돌려 보내는 순환 구조로 완성한다.

이 단계에서 ESG는 '고친다'는 행위를 넘어, 스스로를 조정할 수 있는 시스템으로 정의된다.

이 단계가 부재한 ESG는 필연적으로 형식화된다. 문제는 발생하지만 원인은 축소되고, 위반은 보고되지만 구조는 바뀌지 않는다. 조치는 이루어지지만 동일한 문제가 반복된다. 개선 단계는 이러한 악순환을 허용하지 않는다. 이 단계에서 ESG는 일회성 대응의 대상이 아니라, 지속적으로 수정·보완되는 경영시스템으로 규정된다.

즉, 개선 단계는 '문제가 있었는가'가 아니라, '문제가 시스템을 바꾸었는가'를 묻는다.

환경 영역에서 환경 법/규제 위반(E-8-1)은 단순한 준법 여부를 확인하는 항목이 아니다. 이 항목은 환경 관련 문제 발생 시, 조직이 이를 운영 실수나 개인 책임으로 환원하지 않고, 시스템 차원의 결함으로 인식하고 수정하는지를 묻는다. 법규 위반은 성과 실패가 아니라, 경영시스템의 개선 필요성을 드러내는 신호로 해석되어야 한다.

이 관점에서 법규 위반은 처벌의 대상이 아니라, 개선이 시작되는 지점으로 기능한다.

사회 영역의 항목들은 개선 단계의 성격을 더욱 명확하게 보여 준다. 개인정보 침해 및 구제(S-8-2)는 사후 보상이나 민원 처리의 문제가 아니다. 이 항목은 문제 발생 이후 조직이 원인 분석과 재발 방지를 통해 운영 기준과 관리 체계를 실제로 수정하고 있는지를 확인한다. 사회 법/규제 위반(S-9-1) 역시 처벌이나 평판 리스크의 문제가 아니라, 조직이 사회적 책임을 시스템 차원에서 재정렬할 수 있는지를 점검하는 개선 항목이다.

이때 중요한 것은 조치의 신속성이 아니라, 기준과 절차가 실제로 수정되었는지 여부다.

지배구조 영역에서는 개선의 구조적 의미가 더욱 분명해진다. 윤리규범 위반사항 공시(G-4-1)는 투명성을 강조하기 위한 장치가 아니다. 이는 윤리 문제를 은폐하거나 개인의 일탈로 축소하지 않고,

조직 전체의 통제 구조를 재점검하는 계기로 활용하는지를 묻는다. 지배구조 법/규제 위반(G-6-1) 역시 규정 준수 여부를 넘어서, 의사결정 구조와 통제 체계가 실제로 작동하고 있었는지에 대한 근본적 재검토를 요구한다.

개선 단계에서 지배구조 개선은 책임 소재를 묻는 과정이 아니라, 판단 구조를 다시 설계하는 과정에 가깝다.

ESG 개선을 문제 발생 이후의 '대응 단계'로 이해하는 접근은 개선 단계의 의미를 축소한다. 이 단계가 요구하는 것은 대응의 속도가 아니라, 수정의 깊이다. 문제가 발생했을 때 무엇을 고쳤는지가 아니라, 그 문제가 다시 발생하지 않도록 어떤 구조가 바뀌었는지가 개선의 핵심이다.

개선은 결과가 아니라, 구조 변화로 확인되어야 한다.

따라서 개선 단계에서의 K-ESG 연결은 ESG 활동의 종료를 의미하지 않는다. 이 장은 ESG를 자기 점검-수정-재설계가 가능한 경영 시스템으로 완성하는 단계다. 여기서 도출된 개선 결과는 다시 조직 상황 단계의 조직상황 인식으로 환류되어, 관리 범위와 책임 구조를 재정의한다. ESG는 개선 단계를 통해 비로소 정적인 기준이 아니라, 스스로 진화하는 경영체계가 된다.

이 순환이 작동할 때, ESG는 일회성 경영 트렌드가 아니라 지속가능한 경영시스템으로 기능한다.

이 장의 핵심 정리

✓ 개선 단계는 ESG를 일회적 대응이 아닌 학습하는
경영시스템으로 완성시키는 단계다.

✓ 개선은 시정조치의 완료가 아니라 재발 가능성이
구조적으로 제거되었는지를 기준으로 판단된다.

✓ 동일한 문제가 반복된다면 그것은 개인의 문제가
아니라 시스템의 실패다.

✓ ESG의 지속가능성은 바로 이 개선 능력에서 최종
적으로 판가름 난다.

결 론

ESG는 경영시스템이다

ESG는 더 이상 선택적인 가치 선언이나 대외 평가 대응 수단이 아니다.

ESG는 조직이 무엇을 중요하게 보고, 어떻게 판단하며, 그 판단의 결과를 어떻게 책임지고 수정해 나가는지에 관한 경영시스템의 문제다. 이 관점에서 ESG는 단독으로 존재할 수 없으며, 반드시 이를 지탱할 수 있는 구조적 기반을 필요로 한다. 그 기반이 바로 ISO 경영시스템이다.

오늘날 많은 조직은 ESG를 목표, 지표, 공시의 문제로 접근한다. 무엇을 공시해야 하는지, 어떤 항목에서 점수를 받아야 하는지, 외부 평가에 어떻게 대응해야 하는지를 중심으로 ESG를 이해한다. 이러한 접근은 단기적으로는 일정 수준의 대응 효과를 만들어 낼 수 있다. 그러나 이 방식은 ESG를 관리 대상의 목록으로 축소하며, 조직 내부의 판단 구조와 운영 방식에는 거의 영향을 미치지 못한다.

ESG가 선언과 성과 지표에 머무를 경우, 조직 내부에서 실제로 바뀌는 것은 거의 없다. 판단 기준은 그대로 유지되고, 의사결정의 논리는 바뀌지 않으며, 책임 구조 역시 이전의 방식에 머문다. 그 결과 ESG는 외부 환경이 바뀌거나 평가 압력이 약화되는 순간, 가장 먼저 후퇴하는 영역이 된다. ESG가 지속가능하지 않은 이유는 대체로 의지의 부족이 아니라, 이를 지탱할 시스템의 부재에 있다.

이 책이 일관되게 강조해 온 핵심은 바로 이 지점이다.

ESG는 무엇을 하느냐의 문제가 아니라, 어떻게 판단하고 어떻게 수정하는가의 문제다. ESG는 개별 활동이나 캠페인의 집합이 아니라, 경영 판단이 만들어지고 실행되며 검증되고 다시 수정되는 전체 구조 안에서만 의미를 갖는다. 이 구조가 없을 때 ESG는 필연적으로 단절된다.

ISO 경영시스템은 이러한 단절을 구조적으로 차단하기 위해 설계된 체계다. 조직상황 단계부터 개선 단계까지의 흐름은 ESG를 개별 영역의 활동이 아니라, 조직의 판단과 운영이 순환하는 경영 메커니즘 전체로 재구성한다. 이 구조 안에서 ESG는 별도의 부가 요소가 아니라, 경영시스템의 작동 결과로 자연스럽게 드러난다.

조직상황 단계는 ESG를 조직의 맥락 안에 고정시킨다. 이때 ESG는 추상적 가치가 아니라, 조직이 처한 환경과 이해관계자 관계 속에서 정의되는 관리 대상이 된다. 리더십 단계는 ESG 판단에 대한 책임 주체를 명확히 하며, ESG가 실무자의 과제가 아니라 경영 책임의 영역임을 분명히 한다. 기획 단계는 ESG 리스크와 목표를 사전에 구조화하여, 사후 대응이 아닌 사전 설계의 대상으로 전환시킨다.

지원 단계는 이러한 판단이 일관되게 유지될 수 있도록 자원과 역량을 배치하며, 운영 단계는 판단이 현장에서 실제로 작동하고 있는지를 통제한다. 성과평가 단계는 실행의 결과를 해석 가능한 성과로 전환하고, 개선 단계는 그 해석을 다시 기준과 구조의 변화로 환류시킨다. 이 일련의 흐름이 작동할 때, ESG는 더 이상 외부 요구에 대응하는 활동이 아니다. ESG는 조직 내부에서 지속적으로 학습하고 진화하는 경영 메커니즘이 된다.

반대로 이 구조 중 어느 하나라도 작동하지 않는다면, ESG는 필연적으로 단절된다. 목표는 설정되지만 실행되지 않거나, 실행은 되지만 평가되지 않거나, 평가 결과가 개선으로 이어지지 않는 순간 ESG는 지속가능성을 상실한다. 이러한 단절은 대부분 눈에 띄지 않게 발생하며, 시간이 지날수록 반복과 정체의 형태로 드러난다.

특히 ESG의 핵심 리스크는 '무엇을 하지 않았는가'보다 '무엇을 반복하고 있는가'에서 발생한다. 반복되는 환경 사고, 유사한 안전 이슈, 되풀이되는 인권 문제, 형식적인 공시 논란은 모두 개선이 작동하지 않는 시스템의 신호다. 이러한 반복은 개인의 문제라기보다, 조직의 경영시스템이 학습하지 못하고 있다는 증거에 가깝다. ISO 경영시스템은 바로 이 반복을 차단하기 위해 설계된 구조다.

이 점에서 ESG 경영을 위해 ISO 경영시스템은 선택이 아니라 선행 조건이자 필수 조건이다. ISO 경영시스템 없이 ESG를 추진하는 조직은 방향을 제시할 수는 있지만, 그 방향을 지속적으로 유지하고 조정하며 보완할 수는 없다. 시스템 없는 ESG는 캠페인으로 남고,

시스템에 기반한 ESG만이 경영으로 자리 잡는다.

중요한 것은 ISO 경영시스템이 ESG를 대체하지 않는다는 점이다. ISO 경영시스템은 ESG의 내용을 규정하지 않는다. 대신 ESG가 흔들리지 않도록 고정시키는 뼈대와 언어를 제공한다. 이 뼈대 위에서 ESG는 선언이 아니라 판단이 되고, 활동이 아니라 프로세스가 되며, 평가가 아니라 개선으로 이어진다. ISO 경영시스템은 ESG를 관리 가능한 대상으로 만들고, ESG가 일시적 유행이나 외부 압력에 휘둘리지 않도록 구조적으로 보호한다.

결국 ESG의 본질은 환경, 사회, 지배구조라는 영역 구분에 있지 않다. ESG의 본질은 조직이 불확실성과 리스크를 어떻게 인식하고, 그 결과를 어떻게 책임지고 수정해 나가는가에 있다. 이 질문에 구조적으로 답할 수 있는 유일한 틀이 경영시스템이며, ISO 경영시스템은 그중에서도 ESG와 가장 정합적으로 맞물리는 국제적 언어다.

따라서 ESG는 ISO 경영시스템 위에서만 지속가능해질 수 있다.

ISO 경영시스템은 ESG를 더 잘 보이게 만들기 위한 도구가 아니다. ISO 경영시스템은 ESG가 계속 작동하게 만들기 위한 구조다. 이 구조 위에서 ESG는 외부 평가를 위한 항목이 아니라, 조직이 스스로를 점검하고 수정하며 진화하는 기준으로 기능한다.

이 책이 일관되게 주장해 온 결론은 단순하다.

ESG는 경영시스템이며, ESG 경영을 위해서는 ISO 경영시스템이 반드시 선행되어야 한다.

그렇지 않은 ESG는 지속가능할 수 없다.

ESG 이후의 질문: 이제 무엇이 달라져야 하는가

이 책은 ESG가 무엇인지 설명하는 책이 아니다.

이미 ESG의 개념, 중요성, 필요성에 대해서는 수많은 책과 보고서가 존재한다. 그럼에도 불구하고 ESG가 현장에서 반복적으로 실패하고, 선언과 실행 사이의 간극이 좁혀지지 않는 이유는 명확하다. ESG는 오래도록 무엇을 해야 하는가(What)의 문제로만 다루어져 왔기 때문이다.

그러나 경영은 언제나 어떻게 관리할 것인가(How)의 문제다.

아무리 옳은 가치와 목표를 설정하더라도, 그것이 조직의 판단 구조와 운영 시스템 안에 고정되지 않는다면 ESG는 일회적 대응이나 평가 대응으로 소모될 수밖에 없다. 이 책이 ISO 경영시스템을 통해 ESG를 해석한 이유도 바로 여기에 있다. ESG는 철학이 아니라, 경영시스템 안에서만 지속될 수 있다.

이 책을 통해 독자는 하나의 분명한 결론에 도달하게 된다.

ISO 경영시스템이 없는 ESG는 지속가능할 수 없다는 사실이다.

이는 ISO 인증을 받아야 한다는 의미가 아니다. ESG를 관리할 수 있는 구조, 즉 리스크를 식별하고, 목표를 설계하며, 실행을 통제하고, 성과를 평가하고, 개선으로 환류시키는 시스템이 없다면 ESG는 필연적으로 흔들릴 수밖에 없다는 의미다.

실제 현장에서 반복적으로 관찰되는 ESG 실패 조직들은 공통된 특징을 가진다.

첫째, ESG를 전담 부서의 업무로 분리한다. ESG는 보고서와 공시의 언어로만 존재하고, 실제 의사결정에서는 후순위로 밀린다.

둘째, ESG 성과를 점수와 평가 결과로만 관리한다. 왜 그런 판단이 내려졌는지, 실패했을 때 무엇이 바뀌어야 하는지에 대한 시스템적 질문은 사라진다.

셋째, 문제가 발생하면 시정조치로 끝낸다. 동일한 사고, 동일한 위반, 동일한 목표 미달이 반복되지만 기준과 구조는 거의 바뀌지 않는다.

이러한 조직에서 ESG는 실패한 것이 아니다.

애초에 경영시스템으로 시도된 적이 없었을 뿐이다.

반대로 ISO 경영시스템 관점에서 ESG를 설계한 조직은 다른 궤적을 보인다.

이들 조직에서 ESG는 추가 업무가 아니라 기존 경영 판단의 전제 조건으로 작동한다. ESG 리스크는 ISO 6항의 기획 단계에서 식별되고, 목표와 KPI로 구조화되며, ISO 7항의 지원 체계를 통해 판단 기준으로 고정된다. 실행은 ISO 8항에서 운영 프로세스로 녹아들고, 성과는 ISO 9항에서 해석되며, 문제는 ISO 10항을 통해 구조적으로 개선된다. 이 과정에서 ESG는 선언이 아니라, 반복을 통해 학습하는 시스템으로 자리 잡는다.

중요한 차이는 결과가 아니라 과정의 축적 여부다.

시스템으로 관리되지 않는 ESG는 매년 새로 시작된다. 담당자가 바뀌면 방향이 바뀌고, 평가 기준이 바뀌면 우선순위가 흔들린다. 반면 경영시스템 안에 고정된 ESG는 담당자가 바뀌어도, 환경이 변해도, 판단의 기준이 유지된다. 이것이 바로 시스템이 가진 힘이다.

K-ESG 가이드라인 역시 이러한 구조를 전제로 설계된 진단 프레임이다.

K-ESG는 무엇을 하라고 나열하는 기준이 아니다. 오히려 조직이 ESG를 어떻게 관리하고 있는지를 묻는다. 목표는 설정되어 있는가, 성과는 측정되는가, 문제는 개선으로 이어지는가, 재발 방지 구조는 존재하는가. 그러나 K-ESG는 그 방법까지 설명하지 않는다. 바로 그 빈자리를 ISO 경영시스템이 채운다.

따라서 이 책을 읽은 이후에는 더 이상 다음과 같은 질문만으로는 충분하지 않다.

"ESG를 하고 있는가?"

"ESG 공시는 준비되어 있는가?"

이제 질문은 이렇게 바뀌어야 한다.

"ESG는 우리 조직의 경영시스템 안에서 어떻게 관리되고 있는가?"

"ESG와 관련된 실패가 발생했을 때, 무엇이 구조적으로 바뀌는가?"

"그 변화는 다음 의사결정에서 실제로 반영되고 있는가?"

이 질문에 답할 수 없는 조직에서 ESG는 아무리 정교해져도 반복적으로 흔들릴 수밖에 없다. 반대로 이 질문에 답할 수 있는 조직에서는 ESG가 평가 항목이 아니라, 시간이 지날수록 축적되는 경영 능력으로 남는다.

ESG는 더 이상 새로운 유행도, 추가 과제도 아니다.

ESG는 경영시스템의 문제다.

그리고 이 책은 바로 그 지점에서, ESG를 다시 출발선에 세운다.

부 록

K-ESG-ISO 연결구조의 활용 방식

이 책은 K-ESG 가이드라인의 69개 항목을 개별 평가 지표로 나열하지 않는다. 대신 ISO 경영시스템(Annex SL 4~10항)의 구조에 따라 K-ESG 항목을 경영시스템 관점에서 재해석하고, 각 항목이 어느 단계의 관리 논리에 위치하는지를 연결구조로 제시한다.

이 책에서 K-ESG는 '잘했는가를 판단하기 위한 체크리스트'가 아니라, 조직이 무엇을 관리 대상으로 삼고, 누가 판단하며, 어떻게 기획·지원·운영·평가·개선하는지를 설명하기 위한 구조 언어로 사용된다.

1. 본문의 K-ESG 연결구조

각 장(ISO 4~10항)의 본문에는 해당 단계에서 요구하는 경영시스템의 역할이 서술되어 있으며, 그 흐름 속에서 K-ESG 연결구조는 다음 질문에 답하는 방식으로 제시된다.

ISO 4항: 조직은 무엇을 ESG 관리 범위로 설정하는가

ISO 5항: ESG는 누구의 판단 책임으로 귀속되는가

ISO 6항: ESG는 어떤 목표·리스크·지표로 기획되는가

ISO 7항: ESG 실행을 위해 어떤 자원과 역량이 지원되는가

ISO 8항: ESG는 어떤 운영 규칙으로 실제 작동하는가

ISO 9항: ESG 성과는 어떻게 점검·평가되는가

ISO 10항: ESG 체계는 어떻게 수정·개선되는가

본문에 제시된 연결구조는 개별 항목 설명이 아니라, 각 ISO 경영시스템의 단계가 K-ESG를 어떤 경영 질문으로 재구성하는지를 보여 주기 위한 해석 장치다.

2. 부록의 매핑 표 활용 방식

부록에 수록된 'ISO 4~10항 K-ESG 전 항목 연결구조 매핑 표'는 설명을 위한 자료가 아니다. 이 표의 목적은 다음 두 가지에 있다.

첫째, 본문에서 제시한 연결구조가 일부 항목을 임의로 선택한 결과가 아니라, K-ESG 69개 전 항목을 빠짐없이 구조 안에 포함하고 있음을 증명하는 데 있다.

둘째, 독자가 필요시 특정 K-ESG 항목이 ISO 경영시스템의 어느 단계에 위치하는지 즉시 확인할 수 있도록 하는 참조 도구로 활용하는 데 있다.

따라서 부록의 표는 순차적으로 읽기보다는, 본문을 읽다가 특정

항목의 구조적 위치를 확인할 필요가 있을 때 참조하는 방식이 적합
하다.

3. 이 책의 해석 원칙

이 책은 K-ESG 가이드라인 항목과 ISO 경영시스템을 1:1로 대응
시키는 매뉴얼이 아니다. 동일한 K-ESG 항목이라 하더라도, 조직의
업종·규모·전략 또는 실무자에 따라 실행 방식은 달라질 수 있다. 이
책이 제시하는 것은 실행 지침이 아니라, 경영시스템 차원에서의 해
석 틀이다.

독자는 이 연결구조를 통해 K-ESG를 '해야 할 일의 목록'이 아니
라, 조직이 지속가능성을 어떤 구조로 관리하고 있는지를 점검하는
질문 체계로 이해할 수 있을 것이다.

4. K-ESG 항목의 ISO 항 매핑 표

ISO 4항(조직상황)

K-ESG 코드	진단항목	ISO 4항 내 구조적 역할
P-1-3	ESG 정보공시범위	관리 범위의 공식적 경계 설정
E-11-1	자연자본 식별	외부 환경의 관리 대상화
E-3-2	온실가스 배출량(Scope 3)	가치사슬 관리 범위 확장 여부
S-6-1	협력사 ESG 경영	책임 주체의 외연 규정

ISO 5항(리더십)

K-ESG 코드	진단항목	ISO 5항 내 구조적 역할
E-1-2	환경경영 추진체계	환경 책임의 리더십 귀속
E-10-1	기후변화 거버넌스	기후 이슈의 최고 의사결정 격상
E-10-5	온실가스 배출량 감축 선언	장기 책임에 대한 최고책임 승인
S-2-6	결사의 자유 보장	노동권 보호의 리더십 승인
S-4-1	안전보건 추진체계	안전 책임의 최고 책임자 귀속
S-5-1	인권정책 수립	인권 이슈의 공식 판단화
G-1-1	이사회 내 ESG 안건 상정	ESG의 정례적 의사결정 구조화
G-1-2	사외이사 비율	독립적 판단 구조 확보
G-1-3	대표이사 이사회 의장 분리	권한 집중 리스크 통제
G-1-4	이사회 성별 다양성	의사결정 편향을 구조적으로 완화
G-2-3	이사회 산하 위원회	ESG 판단의 상시적 검토 구조 확보
G-3-4	배당정책 및 이행	단기 성과와 장기 책임의 균형 판단

ISO 6항(기획)

K-ESG 코드	진단항목	ISO 6항 내 구조적 역할
P-2-1	ESG 핵심이슈 및 KPI	기획 대상 이슈의 우선순위 설정
E-1-1	환경경영목표 수립	환경 목표의 기획 반영
E-2-2	재생 원부자재 비율	자원 전략의 기획 반영
E-4-2	재생에너지 사용 비율	에너지 전환 목표 설정
E-5-2	재사용 용수 비율	자원 순환 목표 반영
E-6-2	폐기물 재활용 비율	폐기물 관리 목표 설정
E-7-1	대기오염물질 배출량	환경 영향 관리 목표 설정
E-7-2	수질오염물질 배출량	환경 영향 관리 목표 설정

E-3-1	온실가스 배출량(Scope 1·2)	내부 배출 관리 목표 설정
E-10-2	기후변화 중장기 리스크 식별	기후 리스크의 기획 반영
E-11-2	생물다양성 보전 전략	자연자본 보호 전략 수립
S-1-1	사회 목표 수립 및 공시	사회 이슈 목표화
S-2-2	정규직 비율	고용 구조의 기획 반영
S-3-1	여성 구성원 비율	다양성 목표 설정
S-5-2	인권 리스크 평가	인권 리스크의 사전 기획
S-7-1	전략적 사회공헌	사회적 가치의 기획 단계 정렬
S-8-1	정보보호 시스템 구축	정보보호 목표 반영

ISO 7항(지원)

K-ESG 코드	진단항목	ISO 7항 내 구조적 역할
P-1-1	ESG 정보공시방식	ESG 정보 관리 체계의 구조화
S-2-1	신규채용 및 고용유지	인적자원 확보의 지원 조건
S-2-4	교육훈련비	ESG 역량 확보를 위한 자원 투입
S-2-5	복리후생비	근로환경 유지의 지원 조건
S-3-3	장애인 고용률	포용적 인사 구조의 지원
S-6-3	협력사 ESG 협약	공급망 ESG 요구의 전달 구조
G-1-5	사외이사 전문성	ESG 판단 역량의 지원
G-5-2	감사기구 전문성	통제 기능의 전문성 지원
G-3-1	주주총회 소집 공고	이해관계자 정보 접근성 지원
G-3-2	주주총회 집중일 이외 개최	주주 참여의 물리적 접근성 지원
G-3-3	집중/전자/서면 투표제	의사결정 참여 방식의 지원

ISO 8항(운영)

K-ESG 코드	진단항목	ISO 8항 내 구조적 역할
E-2-1	원부자재 사용량	자원 사용의 운영 기준화
E-4-1	에너지 사용량	에너지 관리의 운영 적용
E-5-1	용수 사용량	용수 관리의 운영 기준화
E-6-1	폐기물 배출량	폐기물 관리의 운영 적용
E-9-1	친환경 인증 제품 및 서비스 비율	환경 전략의 운영 반영
E-11-3	산림 보호 활동	자연자본 보호의 운영 실행
E-10-3	기후변화 물리적 리스크 및 대응 방안	기후 리스크의 운영 반영
E-10-4	기후변화 전환 리스크 및 대응 방안	전환 리스크의 운영 반영
S-6-2	협력사 ESG 지원	공급망 ESG 실행 지원
S-7-2	구성원 봉사 참여	사회적 가치 활동의 운영 내재화

ISO 9항(성과평가)

K-ESG 코드	진단항목	ISO 9항 내 구조적 역할
P-1-2	ESG 정보공시주기	성과 점검 주기의 구조화
P-3-1	ESG 정보공시 검증	성과 정보의 신뢰성 확보
E-3-3	온실가스 배출량 검증	환경 성과의 객관성 확보
S-2-3	자발적 이직률	인적자원 관리 성과 점검
S-3-2	여성 급여 비율(평균 급여액 대비)	보상 구조의 공정성 성과 측정
S-4-2	산업재해율	안전보건 성과평가
G-2-1	전체 이사 출석률	이사회 운영 성과 점검
G-2-2	사내이사 출석률	내부 책임 이행 여부 점검
G-2-4	이사회 안건 처리	의사결정 품질의 평가
G-5-1	내부감사부서 설치	내부 통제 성과평가

ISO 10항(개선)

K-ESG 코드	진단항목	ISO 10항 내 구조적 역할
E-8-1	환경 법/규제 위반	환경관리 체계의 결함 인식
S-8-2	개인정보 침해 및 구제	정보보호 체계의 수정 요구
S-9-1	사회 법/규제 위반	사회적 책임 이행 구조의 점검
G-4-1	윤리규범 위반사항 공시	윤리경영 체계의 개선 촉발
G-6-1	지배구조 법/규제 위반	지배구조 시스템 결함 인식

ESG는 무엇이 아니라 어떻게의 문제다

1판 1쇄 발행 2026년 2월 13일

지은이 이주용

교정 주현강 편집 이새희
펴낸곳 (주)하움출판사 펴낸이 문현광

이메일 haum1000@naver.com 홈페이지 haum.kr
블로그 blog.naver.com/haum1000 인스타 @haum1007

ISBN 979-11-7374-318-4 (93320)